LE PERROQUET QUI SE PRENAIT POUR DIEU

LINE ASSELIN

LE PERROQUET QUI SE PRENAIT POUR DIEU

De la même auteure

La face cachée de la maladie d'Alzheimer, Les Éditions Québec-Livres, 2014
La sagesse au fil d'arrivée, Les Éditons Québec-Livres, 2015
Traverser son deuil, Eyrolles, 2017
Les 3 Alliés de la guérison intérieure, Le Courrier du Livre, 2017

Edition : © Line Asselin, 2023
Illustration de la couverture : Aquarelle de Lucie Laurence
Illustrations : Sandrine Provost
Révision linguistique : Sylvie, Marie-Jo, Marie Joëlle
Conception de la couverture : Guillaume Gauthier

Dépôt légal : 1er trimestre 2023
Bibliothèque et Archives nationales du Québec
ISBN 978-2-551-26973-0

*Je dédie ce livre à tous moins jeunes et les jeunes
qui rêvent de faire confiance à la petite voix
de leurs cœurs sans se prendre la tête.*

L'histoire du « Perroquet qui se prenait pour Dieu »

Le perroquet qui se prenait pour Dieu est une fable sur le thème de l'ego prenant pour toile de fond un voyage en mer qu'entreprennent trois personnages en quête de l'essentiel : Igor le grand voyageur, le perroquet qui caractérise l'ego et la mésange qui s'apparente à la petite voix du cœur que nous pouvons aussi appeler l'intuition.

Le voyage proposé est une allégorie qui nous rappelle que s'il est quelque chose qui nous réunit tous, c'est l'ego. L'ego n'est pas le méchant. Bien au contraire, il a son rôle à jouer et il le joue à merveille. Mais, savons-nous qu'il n'est pas nous ? Avons-nous appris à le reconnaître ? Nous sommes-nous laissé berner par ce dernier, croyant que les petites voix dans notre tête étaient la vérité ? Nous sommes-nous déjà égarés, ayant perdu de vue la vraie raison de notre passage sur terre ?

Lorsque la vie ne répond pas à nos attentes, nous réagissons. Nous essayons de la contrôler afin qu'elle reprenne la « bonne direction », une direction qui nous convient et nous rassure.

Lorsque nous croyons que les petites voix dans notre tête sont véridiques, un jour ou l'autre, nous souffrons car nous oublions qui nous sommes en vérité.

Lorsque nous laissons la barre à notre ego, nous sommes en constante insatisfaction, cherchant toujours plus ou mieux pour nous satisfaire.

Comment garder la tête hors de l'eau lorsque nous avons l'impression de faire naufrage ? Comment naviguer le cœur léger et heureux, peu importent les circonstances ?

En quoi le fait de reconnaître son ego a changé la vie d'un nombre incalculable de personnes ? Cette meilleure connaissance d'elles-mêmes leur a permis d'expérimenter la vie plutôt que de la subir, de rencontrer des défis plutôt que des problèmes, de vivre plutôt que de survivre, d'avancer plutôt que de tourner en rond.

Revenir à l'essentiel, permet de se délester de ce qui nous empêche de voyager léger, serein et heureux d'en être conscient.

Accueillons notre ego et dansons avec lui afin d'apprécier notre voyage et d'en faire une occasion d'ouvrir sur des horizons jusqu'alors insoupçonnés dont seul le cœur en connaît les mystères. Cela peut vous paraitre simple. Mais en vérité ce qui représente le plus grand défi, c'est de l'incarner au quotidien.

Les dessous de l'histoire

La nuit dernière, j'ai fait un rêve semi-éveillée. Vous savez, ce genre de rêve où vous avez carrément l'impression qu'une part de vous est réveillée pendant que l'autre dort ; un espace inattendu pendant lequel l'Intelligence de la Vie éclaire les questions que vous Lui avez posées !

Je vous raconte. La veille, j'ai passé quelques heures en méditation tentant d'être inspirée pour ressentir comment introduire ce livre qui me tient à cœur et qui cherche à s'écrire à travers moi. Pouvez-vous croire que cet appel du cœur se fait sentir depuis plus d'un an ! Au début, il m'enthousiasmait au plus haut point et puis, au fil des semaines, il perdait de sa vigueur. Et c'était parti. Le cycle de la procrastination s'était bien installé.

Ça vous est déjà arrivé ? Eh bien, moi je dirais que ça m'arrive surtout lorsqu'il s'agit de me mettre à l'écriture.

Connaissant ce petit côté de moi, je m'étais même engagée auprès de Sandrine- une précieuse collaboratrice - afin d'éviter de me laisser prendre dans ce piège qui consiste à trouver toutes les bonnes raisons de ne pas aller de l'avant et j'aurais même envie de rajouter, de les justifier pour me sentir moins coupable.

Eh bien croyez-le ou non. Cet engagement ne m'a même pas aidée à maintenir le cap! Et pourtant, il faisait partie de la banque de mes stratégies qualifiées «d'efficaces» pour transcender les prétextes que me donne mon ego. Alors, que faire? Je vous avoue que j'ai bien eu envie de me culpabiliser. Un peu déconcertée par le fait de tourner en rond aussi longtemps, j'ai finalement choisi de revenir en moi pour y voir plus clair.

Et voilà que quelques heures plus tard, en pleine nuit, j'entends ceci: «Tu t'apprêtes à écrire un livre qui parle de l'ego. Tu as expérimenté à peu près toutes les tentations et les pièges de ce dernier. Tu sais... ceux qui font en sorte que tu t'égares pour un certain temps ou pour plus longtemps. Eh bien, tu les as vécus et les vis encore pour mieux en parler. Alors commence par ça! Pourquoi te poser autant de questions?»

Ah mais oui! Vu ainsi c'est si simple. Et dire que j'ai failli mettre le couvercle sur un projet qui donnait tout son sens à ma vie... à ma mission. Bon, rien de grave ne serait arrivé si je ne l'avais pas écrit. Toutefois, le mal-être que je ressentais de ne pas m'activer était plus grand que celui d'oser rencontrer mes doutes, mes peurs et surtout de changer certaines habitudes qui, je dois l'admettre, me tirent encore vers le bas.

Vous aurez compris que lorsque je parle de l'ego, je fais référence à cette part de moi, cette part de nous tous, qui n'aime pas le changement, ni le vide et encore moins le manque de garanties. Celui qui se croit maître à bord de notre vie et qui tient à le rester. Celui qui est persuadé d'avoir raison, qui nous laisse croire que sans lui nous ne sommes rien. Celui qui nous raconte toute sortes de choses pour garder le contrôle. Celui qui règne en roi jusqu'à ce qu'une forme d'inconfort nous ramène à l'essentiel.

Revenir à l'essentiel ne consiste-t-il pas à emprunter le passage qui mène de la tête au cœur ? À vrai dire, ce sont les milliers de personnes que j'ai eu le privilège d'accompagner à mieux-être et à renaître qui me l'ont rappelé, particulièrement les personnes en fin de vie. Et si je vous disais, qu'à leur fil d'arrivée, aucune d'entre elles n'a regretté ce qu'elles avaient fait. Au contraire, leurs regrets étaient surtout teintés de ce qu'elles avaient oublié d'inclure dans leur quotidien, c'est-à-dire l'essentiel.

Cela dit, comment reconnaître ce qui nous détourne du vrai, du beau, du grand, que je qualifierais de « différents visages de l'ego » ? Comment le maîtriser sans le dénigrer ? Comment lui redonner sa juste place sans le prendre ou se prendre trop au sérieux ?

Le sujet de l'ego est vaste. Il peut prendre divers visages en fonction de celui qui le perçoit. Ici, mon objectif ne va pas du tout dans le sens de l'expliquer d'un point de vue théorique. Bien au contraire, il serait bien trop heureux que je lui laisse autant de place. J'ai plutôt envie de vous amener sur un chemin qui vous permettra de le repérer sans vous prendre la tête. Plus vous connaîtrez et reconnaîtrez les diverses facettes de votre ego, plus vous serez en mesure de choisir, de lui redonner sa juste place afin de poursuivre votre voyage terrestre sans vous perdre.

Je tiens à préciser que dans ce livre, je ne ferai pas de différence entre l'ego et le mental même si je sais qu'il y en a une. Je vais plutôt vous partager diverses facettes de l'ego sous forme de fable. J'aime bien lorsque de grands enseignements passent par l'habit de la simplicité et de l'humour. Ainsi, chacun en tire les éclairages, les rappels, les leçons qui lui parlent et cela au bon moment pour lui.

Je souhaite que cette lecture vous accroche un sourire au cœur tout en ouvrant les portes de ce dernier qui aspire à reprendre les rênes de votre quotidien.

Igor part à l'aventure

Igor sirote son petit café du matin en lisant son journal. C'est ce qu'il fait depuis plus de 20 ans. Se lever, prendre sa douche, se préparer un petit café, le boire pendant qu'il s'informe des nouvelles du jour, engloutir son petit déjeuner et partir travailler.

Igor travaille dans une usine qui construit des moteurs de bateaux. Depuis tout petit, il rêve de bateaux. Il se voit naviguer en mer, prendre le large, se laisser bercer par la mer, contempler les levers et les couchers du soleil tout comme l'horizon qui se dessine à perte de vue.

Dès son jeune âge, Igor s'est fait dire que ce genre de rêve n'avait rien à voir avec la vraie vie. Il fallait travailler, s'assurer un avenir, se préparer pour prendre soin de sa femme et de ses futurs enfants.

Or, à 45 ans, il est toujours célibataire. Il vit seul dans sa jolie petite maison perchée sur un monticule à quelques kilomètres de la mer. Il n'aime pas vraiment son travail. Ce sont les bateaux qu'il aime. Souvent, il se surprend à compter les années qu'il lui reste à travailler afin de pouvoir enfin faire ce dont il a fort envie c'est-à-dire, explorer le monde en mer.

Au fil des semaines et des mois, un malaise s'installe en son for intérieur. Ses amis le trouvent moins joyeux. Lui-même constate qu'il manque d'énergie. Souvent, il se surprend à avoir des idées sombres allant même jusqu'à se demander à quoi sert vraiment sa vie.

Heureusement qu'il a son perroquet âgé de 10 ans pour lui tenir compagnie. Il l'a appelé bien affectueusement « Le King ». Cet oiseau débordant d'intelligence connaît non seulement bien les airs de la maison mais il connaît tellement bien Igor qu'il est devenu la voix de sa raison.

Igor ne se rend même plus compte que lorsqu'il se parle à lui-même à voix haute, c'est Le King qui lui répond. Puisque ses réponses semblent logiques, il les écoute religieusement. À vrai dire, tous les deux sont quasiment devenus fusionnels.

Sans même s'en apercevoir, au fil des mois et des années, le perroquet est devenu son colocataire au sens propre comme au sens figuré. À un point tel que même lorsqu'il n'est pas chez lui, le King lui parle et ce, même s'il ne lui pose pas de questions. Ça c'est nouveau quand même ! En fait depuis un certain temps, le King n'est plus colocataire, il est pour ainsi dire devenu propriétaire de la maison d'Igor.

Et voilà qu'un bon matin, toujours devant sa tasse de café, Igor ressent un fort élan. Comme si quelque chose le poussait de l'intérieur. Une petite voix qui l'invite à partir à l'aventure. Au fil des jours, cette petite voix devient de plus en plus présente au point où il ne peut plus l'enfouir au fond de lui-même. Et si je partais se dit-il ? Et si je réalisais mon rêve de petit garçon ? Il me semble que je me sentirais tellement mieux, tellement plus libre. J'ai l'impression que la routine dans laquelle je suis engluée depuis si longtemps est en train de m'éteindre.

— Mais tu ne peux pas quitter ton travail lui répond le King. Que deviendras-tu ? Tu n'auras plus de revenus financiers ! Qui s'occupera de toi ? Tu seras tout seul. Et qui s'occupera de notre maison lorsque tu seras parti ? D'autant plus que tu ne peux partir sans moi. Y as-tu pensé ? Nous sommes UN. Tu ne peux pas m'abandonner comme ça !

Ces discussions entre Igor et le King se poursuivent pendant des jours et des jours jusqu'à ce que tous les deux finissent par s'entendre sur un point : Ils partiront ensemble dans 3 mois.

— O.K. répond le King à condition … :
  - Qu'un plan des îles à visiter soit prévu à l'avance
  - Que le nombre de semaines en mer ne dépasse pas 4 mois
  - Que ton patron donne son accord et qu'il t'engage à nouveau à ton retour

- De trouver un bateau en très bon état sans compter qu'il doit être de la bonne grosseur, confortable et tout équipé
- De ne pas oublier le matériel de premiers soins au cas où il arriverait quelque chose
- De choisir les bons vêtements
- D'apporter suffisamment de nourriture sèche et des réserves d'eau
- De se procurer une boussole ainsi qu'un moyen de communication
- De choisir le moment de l'année pour partir car il doit faire beau le plus souvent possible.
- Que tu me réserves une place de choix dans le bateau

— Finalement, est-ce vraiment une bonne idée de partir? rajoute le King. Et si on commettait une erreur? Et s'il nous arrivait quelque chose? Notre vie actuelle est tellement confortable. Pourquoi chercher les problèmes?

Complètement déboussolé, Igor a carrément l'impression de devenir fou. Il ne sait plus quoi penser ni quelle voix écouter: celle du King ou cette petite voix intérieure qui se fait de plus en plus présente.

Son patron lui facilite la tâche. Il est d'accord. Igor pourra récupérer son travail à son retour de voyage. Après tout, il est un employé modèle. D'autant plus que sa belle-sœur lui a promis de veiller sur sa maison.

La date de départ est donc prévue pour le mois de juillet. Son cœur d'enfant bien enfoui en lui se réjouit timidement. Quant au King, il ne cesse de lui parler et même de le réveiller plusieurs fois par nuit afin de s'assurer que tout soit prévu dans les moindres détails. Il va même jusqu'à lui rappeler qu'un homme s'est perdu en mer il y a 2 ans, juste au cas-où….

Et voilà ! Le doute est semé. Les interminables échanges entre Igor et le King ne cessent d'augmenter en quantité et en durée.

Qui a gagné ? Les deux ! Ils s'entendent à nouveau pour un voyage de 3 mois avec comme date de départ le 5 juillet.

Nul besoin de vous dire que les doutes, les peurs, les prédictions, les scénarios divers poursuivent Igor jusqu'au matin de son départ. Même les deux pieds dans le bateau, il se demande si c'est vraiment une bonne idée.

Mais bon ! Il est un peu trop tard. Son voisin lui a loué son bateau et puisque l'engagement fait partie de ses valeurs, il ne veut pas le décevoir.

Il prend un bon respire, se gonfle le torse afin de se donner de la contenance et se dit, « advienne que pourra ».

Le King bien assis sur le siège du passager veillera sur lui. Il n'y a aucune inquiétude à y avoir.

C'est donc parti pour l'aventure !

Pause Introspective

Pour vous joindre à l'aventure qu'Igor s'apprête à vivre, je vous suggère dans un premier temps de donner un nom à celui qui parle en vous, qui se nomme ici « Le King ».

Oui, oui, ce n'est pas vous qui parlez dans votre tête. C'est bel et bien votre ego. Cela dit, comment souhaitez-vous le nommer ? Une petite suggestion : trouvez un nom humoristique.

Dans un deuxième temps, identifiez un élan de cœur, un rêve que vous chérissez et que vous gardez bien précieusement pour plus tard, lorsque vous aurez le temps, lorsque la situation sera parfaite, lorsque le moral sera meilleur, etc…

Écrivez-le en y mettant le plus de détails possibles tel que le lieu, les personnes qui s'y trouveraient, le contexte, le moment de l'année, la ville, etc.

Pendant que vous décrivez votre rêve, observez ce que les voix de votre tête vous racontent ou vous ont déjà raconté à cet effet. Ne les jugez pas. Ne les analysez pas. Jouez simplement le jeu de les regarder sans chercher à ce qu'elles soient justes ou pas.

Une surprise inattendue

Igor et le King ont le vent dans les cheveux ou devrais-je dire pour ne pas offenser le perroquet, le vent dans les plumes !

Ils naviguent paisiblement. Tout va comme prévu. La température est parfaite. Ni trop chaud, ni trop froid. Une douce brise leur effleure le visage pendant qu'ils sont occupés à contempler le paysage.

Quelle belle idée nous avons eu de partir à l'aventure !

Igor se met à chanter « Partons la mer est beeeelle ….» et le King répète joyeusement chacune des phrases.

Quel bonheur ! Quelle liberté ! N'est-ce pas merveilleux de naviguer ainsi se disent-ils !

Tout à coup, le ciel s'assombrit. De gros nuages noirs apparaissent à l'horizon.

— Eh bien dis donc, ce n'était pas prévu ça !

— Ça va passer à côté de nous, dit le King.

— Je l'espère bien, répond Igor.

Et voilà que 10 minutes plus tard, le gros nuage choisit de se décharger en plein sur eux. Il pleut si fort qu'Igor n'a même pas le temps de sortir son manteau de pluie et de fermer les petites fenêtres.

— Vite! Dépêchons-nous avant que l'eau entre trop dans le bateau.

— Ouf! On s'y est pris à temps.

Croyant s'être sauvés d'une grosse tempête, Igor et le King se font un *high five*.

Or, il semble que Mère Nature n'a pas dit son dernier mot puisque les bourrasques sont tellement fortes qu'Igor n'arrive plus à maintenir le cap.

— Attention, on va heurter le récif!

— Si ça continue comme ça, on va s'échouer comme deux misérables.

— Impossible de ramener le gouvernail.

Igor a beau essayer de tenir la barre de toutes ses forces. Mais, rien à faire.

Les rafales que provoquent le vent tout comme les vagues qui ont choisi de se mettre de la partie pendant plus d'une heure, leur font perdre de vue la trajectoire prévue.

Complètement décontenancé, Igor se retourne vers le King pour savoir quoi faire.

— Bon sang! Il n'est plus là, à ses côtés. Mais où est-il donc passé?

— Je suis là, s'écrit le perroquet complètement échevelé.

— Mais, où ça ?

— Là ! Ici !

Igor se retourne et aperçoit le King sous le banc arrière.

— Torpinouche de torpinouche, s'exclame-t-il !

— Tu peux sortir maintenant. La tempête a l'air de s'être calmée.

— Tu es certain ?

— Oui, je pense bien. Les nuages noirs sont disparus et il vente moins.

— Bon d'accord !

Le perroquet secoue ses plumes et reprend dignement le siège du passager. Il ne va quand même pas perdre sa fierté en montrant qu'il a eu peur.

— Que fait-on maintenant ?

— Il faut d'abord retrouver le plan. Il nous guidera pour retrouver notre chemin.

— Bonne idée, réplique Igor.

— Il n'est plus là !

— Mais ce n'est pas possible !

— Je te dis qu'il n'est plus là où nous l'avions rangé.

— Quelle tête en l'air ! Tu n'apprendras jamais. Tu le sais pourtant que tu as tendance à te disperser. Le bateau n'est quand même pas si grand. Cherche encore, s'écrit le King d'un ton exaspéré !

— Mais je te dis qu'il n'est plus là !

— Il faut croire que le vent a emporté le plan des îles à visiter.

— Alors, qu'est-ce qu'on fait maintenant ?

— Je ne sais pas. Je suis perdu !

— Et si on revenait à la maison ? Il n'est pas trop tard.

— Oui, tu as peut-être raison.

— Trop en colère, Igor n'arrive plus à réfléchir. Non seulement remet-il tout en question, mais le King ne lui facilite pas la vie.

Et voilà qu'il s'écrie :

– Tu aurais dû mieux ranger la carte !
– Tu aurais pu en faire une photocopie ; comme ça, on en aurait eu une en réserve !
– Ça commence bien !
– Quel idiot !
– Tu vois bien que c'était une mauvaise idée. Même Mère Nature nous le confirme !
– C'est la dernière fois que nous faisons des projets ensemble. Tu m'entends !
– Tu vois bien que tu ne peux pas faire confiance à cette petite voix qui t'a poussé à partir !

Igor arrête le moteur. Il se prend la tête à deux mains tout en se répétant encore et encore les paroles que vient de prononcer son partenaire de voyage. On aurait cru entendre son père lorsqu'il était petit.

Quant au perroquet, il boude dans son coin.

En désespoir de cause, Igor lève la tête vers le ciel. Les nuages se sont dissipés. Une éclaircie pointe à l'horizon.

Cette éclaircie semble faire son chemin en lui car il se sent moins découragé. La tension qu'il ressentait se dissipe peu à peu.

Et voilà qu'un oiseau vient se percher sur le devant du bateau. Une jolie mésange se met à chanter. « Partons la mer est belle…. »

Igor se dit que ce doit être un signe. Un deuxième signe peut-être ?

— Mais t'es fou ou quoi ! Tu n'as pas eu ta leçon avec les signes ? Voir si un oiseau viendrait nous livrer un message.

— De toute manière, de quoi aurions-nous l'air si nous revenions à la maison maintenant ? Je n'ai vraiment pas envie de perdre des plumes pour cela. Alors, on continue.

— On redémarre le moteur et on s'arrêtera à la première île que nous rencontrerons.

— D'accord ?

Soulagé, Igor acquiesce.

Pause Introspective

Lorsque les choses ne se passent pas comme vous l'aviez planifié ou souhaité, comment réagissez-vous?

Choisissez parmi les réactions et émotions suivantes, celles que vous ressentez le plus souvent.

Réactions:
- Bouder
- Accuser
- Regretter
- Se fermer
- Douter
- Analyser
- Comparer
- Juger

Émotions:
- Colère
- Découragement
- Impuissance
- Peur
- Frustration
- Tristesse
- Amertume

Souvenez-vous que c'est votre ego qui réagit et qui engendre ces émotions perturbatrices.

Le simple fait de les observer, de les laisser vous traverser, en vous souvenant qu'elles ne sont pas vous, est un bien grand pas en avant.

Vous pouvez en être fier !

L'île aux points d'interrogations

— Hey ! Je vois une île au large ?

— On est sauvés, s'écrie Igor tout content.

Igor sort les jumelles de la boîte de métal jaune qu'il avait pris soin de bien ranger sous le gouvernail et regarde au loin.

— Hum, ça m'a l'air bien joli. Je vois plusieurs bateaux accostés au port ainsi que de toutes petites maisons pleines de couleurs. Ça doit être bon signe.

— Ne te fie pas trop à cela. Après ce que l'on vient de vivre, qui sait ce qui nous pend au bout du nez, lui rappelle amèrement le King.

Doucement, au rythme du moteur, ils s'approchent de l'île.

Arrivé au port, Igor se glisse entre deux bateaux.

— Ouf ! C'est la dernière place qu'il restait.

— Heureusement que j'étais perché sur le pont, sinon, tu ne l'aurais jamais vue !

— En effet, heureusement que tu es là.

— C'est moi ou les bateaux sont bien plus gros que le nôtre?

— Ce n'est pas toi. Non seulement sont-ils pas mal plus gros mais ils sont également bien plus beaux, confirme le perroquet.

— On a l'air de quoi à côté d'eux avec notre petit bateau bien ordinaire?

— On va faire un tour quand même?

— Bonne idée! Je suis épuisé s'exclament Igor et le King en cœur.

— Je vais mettre en évidence mes plus belles plumes. Et toi, secoue un peu ton manteau afin d'avoir l'air convenable.

Le King monte fièrement sur l'épaule d'Igor prenant bien soin de redresser sa crête. Et les voilà partis à la découverte de leur première escale.

À quelques mètres du port, une petite rue bordée de fleurs leur ouvre la voie.

— Comme c'est accueillant. Ça change de la tempête qu'on vient de traverser.

— Mais… ils sont où les gens? Ça fait 10 minutes que l'on marche et on n'a vu personne.

Tout à coup, une dame sort d'un restaurant. Habillée d'une robe rose à crinoline, un grand chapeau blanc lui couvre la tête à un tel point qu'on a peine à voir son visage.

— Bonjour, lui dit Igor tout joyeux et heureux d'enfin croiser quelqu'un.

— Mais t'as vu ! Elle a fait semblant de ne pas nous voir !!! Je ne comprends pas. Je pense qu'on n'est pas assez bien pour elle. Quelle pétasse ! Elle n'a même pas levé les yeux pour admirer mon magnifique pelage !

— Moi qui espérais qu'elle nous indique où dormir ce soir.

— Bon, continuons. On va bien tomber sur quelqu'un de gentil. Après tout ce qu'on a traversé, on mérite bien ça.

— Il y a une jolie petite terrasse ici. Allons boire quelque chose.

Igor s'assoit à une jolie petite table donnant sur un petit jardin de roses. Évidemment, le King prend place sur le dossier de la chaise d'en face.

À côté d'eux, un monsieur sirote son café tout en s'adonnant à la lecture du journal local.

Entendant le King jacasser, le monsieur sourit et ouvre la conversation.

— Vous n'êtes pas d'ici, n'est-ce pas ?

— En effet, la visite de votre île est la première d'une belle aventure que nous avons choisi de vivre en mer.

— Parle pour toi, réplique le King.

— Que voulez-vous dire, demande l'habitant de l'île ?

— Eh bien, nous avons atterri ici à cause d'une tempête qui a emporté notre bateau.

— Vous me faites penser que j'ai déjà vécu la même chose. C'était épouvantable. Ma femme et moi avons failli ne pas nous en sortir.

— Avec mon perroquet, nous avons….

— Et ce n'est pas tout ! Imaginez-vous que mon épouse est passée par-dessus bord. Si je ne lui avais pas lancé la veste de sauvetage, elle n'aurait probablement pas survécu.

— Ah oui ? Eh bien, nous….

— Et vous savez, poursuit le monsieur, c'est ce qui a fait en sorte que nous avons choisi de nous installer ici parce que c'est plus sécuritaire.

— Mais dis donc, il n'arrête pas de nous couper la parole celui-là, s'exclame le King complètement outré.

— Ça m'a fait plaisir de vous parler dit le monsieur avant de partir en les saluant.

— Comment ça, ça m'a fait plaisir ! Ça m'a fait plaisir de quoi au juste ? Il ne s'est même pas intéressé à nous et à ce qu'on a vécu. Pourtant …

— Ais-je l'air si inintéressant que ça, dit Igor en faisant la moue ?

Cette fois le King n'a même pas le temps de lui répondre. Igor se répond lui-même à voix haute :

— À bien y penser, il est vrai que les gens ne se sont jamais vraiment intéressés à moi et encore moins à ce que je vis.

— Bien d'accord, confirme le King. Je te l'avais dit que tu étais bourré de problèmes.

— Allez, on règle la facture et on se cherche un endroit pour dormir ce soir avant que je déprime.

Et voilà qu'un couple traverse la rue avec leur chien de compagnie. Sans crier gare, cette grosse bête poilue se détache de sa laisse et se met à courir en leur direction. Il s'assoit aux pieds d'Igor, les yeux bien ronds et se met à grogner.

— Mais, t'as jamais vu de perroquet de ta vie, espèce d'idiot ?

Avec ses gros yeux méchants, il continue de dévisager Igor et le King pendant que la bave lui coule sur le bord des babines.

— Tu vois ! Même les chiens te regardent avec dédain.

Un petit sourire narquois aux lèvres, l'homme et la femme s'éloignent en rappelant leur chien.

— Eh ben dis donc ! Qu'est-ce qu'on leur a fait ?

— C'est ton allure Igor ! Ta mère t'a toujours dit que tu avais l'air insignifiant.

— Ouais, tu as encore raison. C'est pour ça que je rêve depuis tout petit de fuir ce monde ingrat. Personne ne me comprend.

— Heureusement que je suis là pour te protéger.

— Me protéger de quoi, de qui ?

— De ceux et celles qui pourraient te blesser. Tu ne l'avais pas encore compris ?

— Tu m'expliqueras ça un jour. En attendant, je t'avoue que je ne comprends rien à ce monde !

— Eh bien moi, j'ai pas mal de réponses. Je te le dis. Mon intelligence n'a pas fini de te surprendre !

— Regarde, il y une dame en train de secouer son tapis là-bas.

— Où ça ?

— Là-bas, tu vois la petite maison rose ?

— Moi j'en ai déjà marre de cette île. On s'en va.

— Et on va dormir où ?

— Dans le bateau.

— Oh non, j'ai besoin d'un bon lit cette nuit. Secrètement, Igor est content d'avoir tenu tête au perroquet.

Mais le King n'a pas dit son dernier mot.

— Tu penses vraiment que cette dame sera plus gentille que les gens qu'on vient de croiser ?

— Non, mais on peut quand même essayer.

— Bonjour monsieur, dit la dame s'adressant à Igor.

— Bonjour madame.

— Hey oh ! Elle n'a même pas daigné me regarder.

— You Hou ! Je suis là, chante le King sans succès.

— Nous cherchons un endroit abordable pour loger ce soir. Pourriez-vous nous indiquer où aller ?

— Justement, vous tombez bien. J'ai une chambre à louer dans ma maison pour des gens comme vous.

— Pour des gens comme nous ! Mais elle se prend pour qui cette petite dame, s'exclame le King.

Il est tellement offusqué qu'il en perd une plume.

— Pas la peine de chercher plus loin. Sur cette île vous ne trouverez que des hôtels de qualité, probablement inabordables pour votre budget.

Prenant une bonne respiration, Igor cherche à calmer le King. Il sait très bien que s'il se met à l'insulter, ils sont foutus. D'autant plus qu'ils ont besoin de se reposer.

— Et les restaurants ?

— C'est pareil. Vous vous en doutez bien. Je peux toutefois vous préparer un bon sandwich et vous servirai même des rôties demain matin.

— C'est d'accord, dit Igor un peu contrarié mais à la fois soulagé à l'idée de remplir son estomac qui n'arrête pas de chanter depuis leur arrivée.

— Vous n'avez que ça comme bagages, s'informe leur hôte ?

— Oui, nous avons laissé nos tenues de soirée dans le bateau, chuchote le King avec arrogance.

— Bon allez ! Je vous montre votre chambre et vous prépare un sandwich.

— Et moi ? Je mangerai les miettes je suppose.

— Ce n'est pas si mal comme chambre, répond Igor faisant semblant de ne pas avoir entendu le King.

— Allons manger. J'ai trop faim.

Un beau sandwich l'attendait au coin de la petite table de sa chambre avec un grand verre de limonade maison.

— Au moins ici tout seul dans ma chambre, personne ne me regarde d'en haut.

Épuisé, Igor ferme les yeux. Et voilà que le King prend la relève dans sa tête :

- Tu vois bien que personne ne t'apprécie !
- Il va falloir faire quelque chose pour régler ça !
- Après tous les efforts que tu as faits pour être aimé, les gens ne te considèrent pas plus. Alors à quoi bon !
- C'est peut-être toi le problème ?
- Si seulement tu vivais dans un monde plus gentil !
- Mais oui, ce sont eux le problème !
- Quel monde incompréhensible !

– Vais-je un jour trouver quelqu'un qui m'appréciera tel que je suis ?

Le lendemain matin, Igor a l'impression d'être aussi fatigué que la veille. Il se sent lourd. Son entrain a disparu tout comme son sourire.

— Ne t'en fais pas. On va finir par trouver pourquoi les gens ne sont pas gentils avec toi. En attendant, tu peux compter sur moi. Je suis ton meilleur ami et probablement le seul qui te comprenne.

— Allez ! On part d'ici. Ce sera sûrement mieux ailleurs.

— Oui, tu as bien raison.

Sans se retourner, il remonte dans son joli petit bateau et reprend la mer un peu perplexe. Quant au perroquet, il a déjà un plan en tête.

Pause Introspective

L'ego cherche à s'expliquer ce que le cœur ne comprend pas.

Cela veut dire qu'à chaque fois que vous ne vous êtes pas senti apprécié, reconnu, utile, intéressant, aimable, votre ego a cherché et cherche probablement encore à trouver une explication à ces « points d'interrogation ».

Vous souvenant que l'on ne peut rien transformer que l'on n'a pas « vu », je vous invite, à partir de chacun des énoncés suivants, à compléter les phrases sans vous poser trop de questions. Laissez s'exprimer ce qui vous vient en premier.

Lorsque je ne me sens pas apprécié, je …

Lorsque je ne me sens pas reconnu, je…

Lorsque je ne me sens pas utile, je …

Lorsque je ne me sens pas intéressant, je …

Lorsque je ne me sens pas aimable (digne d'être aimé tel que je suis), je …

Maintenant, prenez conscience que c'est votre ego ou celui d'autrui qui a trouvé ces réponses à vos questions.

Remerciez-le puisque son rôle consiste à vous expliquer ce que vous ne comprenez pas et à vous protéger des personnes et/ou des situations qui pourraient interroger, bousculer, fragiliser votre cœur.

L'île déserte

— J'ai une idée, s'exclame le King !

— On va aller sur une île tranquille. Comme ça, on aura la paix et personne ne nous enquiquinera.

— J'avoue que l'idée me plaît, réplique Igor. J'en ai ma claque qu'on me fasse sentir comme un minus.

— Fais-moi confiance. On va s'organiser pour éviter ce genre d'individus. Il doit bien y avoir des gens corrects sur cette terre. À moins que….

— À moins que quoi ?

— À moins qu'on t'ait jeté un mauvais sort à la naissance ?

— Tu penses ?

— Oublie ça ! Je n'ai rien dit.

— Trop tard, le mal était déjà fait. Igor, assis dans son coin, se demande si le King n'a peut-être pas raison.

— Peut-être suis-je vraiment affligé d'un mauvais sort ?

— Et si c'était vrai ? Qu'ai-je fait pour mériter cela ?

— Ça expliquerait pourquoi je n'attire que des gens qui m'ignorent, me regardent de haut ou me rabaissent.

— Je t'entends penser. Tu ne peux rien me cacher Igor.

— Hey ! Regarde, n'est-ce pas une île qu'on voit au loin ?

— Attends, je sors mes jumelles !

— En effet, une île se pointe à l'horizon.

— Je ne vois que des arbres et deux ou trois bateaux accostés au port. On dirait que tu avais raison, je pense qu'on y sera bien tranquille.

— Eh oui ! J'ai toujours raison. Il est temps que tu t'en aperçoives.

Mais, Igor ne l'écoute pas vraiment. Résonnent encore dans sa tête les paroles de son ami à plumes.

— Tu es peut-être affligé d'un mauvais sort ?

— Et si la vie était contre moi, se dit-il ?

Une petite vague secoue le bateau tout comme l'état d'esprit d'Igor.

— Nous voilà arrivés. Comme c'est calme ici !

— Regarde là-bas, je vois un petit chalet.

En effet, un monsieur au large sourire sort de sa cabane et vient à leur rencontre.

— Bonjour et bienvenue sur notre île ! Ici, ne soyez pas surpris, vous rencontrerez très peu de gens.

Alléluia ! C'est exactement ce que nous cherchons !

— Notre île est dotée d'un joli café-resto, d'une petite épicerie et d'une dizaine de mini-chalets à louer. Vous pouvez aussi faire du camping, si vous le souhaitez. Nous louons même les tentes.

— Le camping me fait bien envie.

— Je vous montre les terrains et vous choisirez où vous voulez vous installer. Vous voulez que je vous aide à monter la tente ?

— Avec plaisir.

— On dirait bien que mon mauvais sort m'a quitté, se dit-il intérieurement.

— Pour l'instant, répond aussitôt le King qui l'a encore entendu penser.

Une fois la tente montée et le tout installé pour la nuit, ils se dirigent vers le petit resto.

— Hey ! Il y a un kiosque à frites là-bas.

Rien qu'à y penser, Igor salive. Les frites sont son petit péché mignon.

Il savoure chacune d'entre-elles tout en retrouvant le sourire.

— Un vrai délice, s'exclame-t-il !

— Et moi, s'insurge le perroquet ?

— Je veux bien t'en laisser quelques-unes.

La dernière frite à peine engloutie, l'oiseau s'exclame :

— Et maintenant, qu'est-ce qu'on fait ?

— Je ne sais pas trop. On peut commencer par se promener. Monsieur sourire nous a dit qu'il y avait quelques petits sentiers à emprunter pour visiter l'île.

— Qu'est-ce qu'on attend ?

Aussitôt dit, il monte sur l'épaule d'Igor et les voilà partis en mode découverte. Ils se surprennent même à chanter. Quelle joie !

À l'intersection du deuxième sentier, les ailes du King commencent déjà à s'alourdir.

— Ça fait combien de temps que l'on marche ?

— Oh je ne sais pas, peut-être une heure.

— Je t'avoue que je commence à m'ennuyer.

— Notre but n'était-il pas d'être tranquilles ?

— Oui, mais il y a quand même une limite à la tranquillité.

— Il n'y a rien ici. Ni personne en vue, ni rien d'intéressant à faire.

— Bon, ici on ne peut pas compter les moutons pour s'occuper. On pourrait peut-être compter les cailloux en forme de cœur sur le sentier ?

— C'est enfantin comme jeu ! Tu n'as pas une meilleure idée ?

— Oh, regarde la belle mésange!

— Ah non! Pas une mésange! Je n'aime pas ces oiseaux. Ils sont insignifiants. Tu as bien vu ce qui est arrivé lorsque tu as cru qu'ils étaient porteurs de messages.

— D'autant plus qu'ils ne sont pas aussi beaux et intelligents que moi, poursuit-il en bombant le torse.

— Tu sais quoi? Même si tu es un peu prétentieux, je t'envie. En fait, j'envie ta confiance inébranlable.

— Pas besoin de m'envier. Tu n'as qu'à m'imiter!

— Bon, assez jacassé! Je m'embête moi!

— Je cherche ce que l'on pourrait faire. Mais, je t'avoue que je suis en manque d'idées, dit Igor.

— On va aller voir monsieur sourire - le guide - et lui demander s'il a des suggestions.

Et les voilà repartis en quête d'action. À quelques mètres devant eux, ils aperçoivent un couple se prélassant sur la terrasse d'un des chalets.

— Je me demande bien ce qu'ils font?

— Je crois qu'ils sont en train de lire. Oui, c'est ça. Ils ont chacun un livre à la main.

— Décidément sur cette île, les gens ont de drôles de manières de passer le temps.

— Parlant de monsieur sourire, le voilà qui vient vers nous.

— Bonjour Igor, vous aimez notre île ?

— Et moi ! ? Comment se fait-il qu'il ne me dit même pas bonjour, rouspète le King !!!

— Oui, c'est très beau. Mais je vous avoue qu'on s'ennuie un peu. Vous avez des idées d'activités à pratiquer ?

— À vrai dire, les gens viennent ici pour se reposer, se détendre et profiter de la nature.

— Ça, on l'a déjà fait, répond aussitôt le King.

— D'autres idées ?

— Hum, laissez-moi réfléchir. Attendez… Ah oui ! Ce soir, nous nous retrouvons tous pour jouer aux cartes. Ça vous dit ?

— Jouer aux cartes ! s'exclame le King en faisant la moue.

Bon, pourquoi pas. De toute manière il n'y a rien d'autre à faire, semble-t-il !

— Tout dépend du regard que l'on pose sur la réalité, répond gentiment monsieur sourire.

— Mais comment ça, du regard que l'on pose sur la réalité ? s'exclame le perroquet un peu frustré. Tu comprends ce qu'il voulait dire par là, toi ?

— Pas vraiment, réplique Igor.

— Bizarre…. Il est bizarre ce monsieur.

Ne trouvant mieux à faire, ils retrouvent les locataires des chalets comme prévu en soirée pour une partie de cartes.

— On dirait bien qu'ils s'amusent, souffle le King à l'oreille d'Igor. En tout cas moi, je m'ennuie royalement.

Influencé par les paroles de son alter ego, Igor se désintéresse peu à peu de cette activité tout comme des gens qui y participent.

— Je me sens fatigué. Je crois que je vais aller dormir leur dit-il poliment pour ne pas les offusquer.

— Bonne nuit et reposez-vous bien !

— Il me semble qu'on ne fait que ça, se reposer depuis qu'on est arrivés ici.

Se dirigeant vers leur tente, ils croisent un chat.

— On dirait que c'est le même chat qu'on a vu cet après-midi et qu'il n'a pas bougé depuis tout à l'heure. Quelle vie ! Ça doit être vraiment ennuyant de regarder dans le vide ainsi pendant des heures. Heureusement que je ne me suis pas incarné en chat !

— Bon, allez, demain ce sera peut-être mieux, essaie de se dire Igor pour s'encourager.

Réveillés très tôt par la lumière du jour, Igor et le King maugréent.

— Non seulement qu'il n'y a rien à faire ici mais en plus on se fait réveiller par le soleil !

— Torpinouche de torpinouche ! Je sens que la journée va être longue ! ! !

— Je vais demander au guide s'il n'y a pas une île un peu plus mouvementée aux alentours.

— Ah oui bien sûr, répond monsieur sourire ! Je vous propose de visiter l'île juste à côté de celle-ci. Vous risquez de vous y plaire. Cependant, je vous suggère de partir seulement demain matin. Les courants sont moins forts au lever du jour.

— Merci pour la suggestion !

— En attendant, mourons d'ennui, rétorque l'oiseau perché sur une patte tandis que l'autre trépigne d'impatience.

Toute la journée, Igor tourne en rond. Quant au perroquet, il n'arrête pas de se plaindre.

— Quelle journée !

— Quel voyage, devrais-tu dire !

— C'était ça ton rêve de petit garçon !

— Euh ! Non, c'était pas mal mieux.

— En espérant que la prochaine île soit plus intéressante.

Pause Introspective

Je vous invite à relire ce chapitre tout en vous posant les questions suivantes :

Est-ce que j'ai déjà essayé de fuir les gens, pensant que ma vie serait plus facile, plus tranquille ?

Est-ce que ça a marché ? Me suis-je senti(e) plus en paix intérieurement ? Ou est-ce qu'en m'isolant j'ai fini par m'ennuyer ?

Lorsque je m'ennuie, je me sens :
- Vide
- En manque d'énergie
- Déprimé (e)
- Lourd (e)
- Désintéressé (e) de tout

Qu'est-ce que mes pensées me racontent lorsque je m'ennuie ? Par exemple :
- Ma vie est vraiment ennuyeuse
- Le temps est si long
- Pourquoi personne ne m'appelle ?
- Il faut absolument que je trouve quelque chose à faire ?

– Rien ne me désennuie

– Pourtant, les autres n'ont pas l'air de s'ennuyer

– Il faut absolument que je m'occupe

– Autre….

L'île aux fabulations

— La voilà! C'est l'île dont nous parlait monsieur sourire.

— Ah ben, dis donc! Elle est juste à côté de l'île aux pourquoi. C'est bizarre ça. On dirait qu'on revient sur nos pas.

— Bon, ce n'est pas grave. Si monsieur sourire nous a dit qu'elle est intéressante à visiter, on y va.

Curieux d'en découvrir les secrets, Igor saute hors du bateau avec l'entrain d'un gamin, sans bien sûr oublier son compagnon le plus cher. Comment le pourrait-il de toute manière?

Quelle surprise lorsque les deux amis réalisent que cette île n'est peuplée que de perroquets.

— Mais, c'est quoi ça!!! On déguerpit d'ici et ça presse, s'exclame le King.

— Pourquoi donc? Tu n'es pas content de te retrouver parmi les tiens?

— Justement! C'est bien ça le problème.

— Je ne comprends pas.

— Parce que c'est moi et uniquement moi qui ai droit de te conseiller tout comme de te protéger.

— Je suis bien d'accord. Moi aussi je suis attaché à toi. Cependant, je suis curieux de voir comment d'autres perroquets vivent. Je n'ai connu que toi, tu sais…

Contrarié, le King quitte l'épaule d'Igor et marche devant lui. Ainsi, il pourra repérer toute forme de menace.

Pas plus loin qu'à trois cents mètres du port, un perroquet multicolore les accueille.

— Bonjour à vous deux ! Nous sommes heureux de vous accueillir sur notre île.

— Il n'y a vraiment pas d'humains ici ?

— Aucun. Cette île nous appartient. Elle est notre territoire. Nous seuls établissons les règles que les humains qui nous visitent s'engagent à respecter.

— Dis donc, on dirait que vous pensez comme mon ami le King, s'exclame Igor en souriant. Je ne serai pas trop dépaysé.

— Mais dites-moi, quelles sont vos « règles » demande-t-il ?

— Je vous explique :
La première règle stipule que l'humain doit absolument croire tout ce que l'on dit sans jamais remettre en question nos propos.

— Complètement d'accord, interrompt le King.

— Et s'il doute ? Qu'arrive-t-il, demande Igor ?

— C'est justement la deuxième règle. *Les humains n'ont pas le droit de douter de nous.* S'ils le font, nous amplifions l'intensité et la fréquence de nos messages qui résonnent tellement fort dans leurs têtes qu'ils finissent par se sentir perdus. Nous allons même jusqu'à les réveiller la nuit en leur donnant des messages contradictoires. C'est une forme de punition afin qu'ils comprennent que NOUS sommes ROIS et MAÎTRES de leurs vies.

— Dis donc, c'est sévère ça !

— Et la troisième règle ?

— *La troisième et dernière règle consiste à ce qu'une fois qu'ils sont entrés en contact avec nous, les humains ne doivent jamais nous abandonner.* Ils s'engagent à nous accorder LA première place dans toutes les sphères de leurs vies.

— C'est-à-dire ?

— C'est-à-dire au niveau personnel, professionnel et relationnel. Dans ces domaines, nous sommes et serons toujours les experts-conseils.

— Même lorsque nous quitterons votre île ?

— Une fois le contact fait, nous pouvons vous envoyer des pensées, peu importe où vous êtes.

— Wow ! Vous êtes vraiment puissants !

— Vous n'en avez pas idée !

— Ça tombe bien puisqu'il y a plein de choses que je n'ai pas encore comprises dans ma vie. Vous pensez que l'un de vos perroquets pourrait m'éclairer ?

— Hey ! Oh ! C'est moi qui joue ce rôle pour toi espèce d'ingrat, s'insurge le King

— Oui, je te l'accorde et je t'en remercie. Mais, j'ai encore plein de questions demeurées sans réponses. Tu ne veux donc pas que je sois heureux ?

— Oui, bien sûr. Mais qu'arrivera-t-il s'ils te brouillent la tête ? Que m'arrivera-t-il ? N'oublie pas que je suis toi et que tu es moi. Nous sommes inséparables tous les deux. Ce sont peut-être eux qui sont maîtres à bord de cette île mais c'est moi qui suis maître à bord de ton monde. D'accord ?

— Oui, oui, d'accord.

— Alors comment ça marche ? Qu'est-ce que je dois faire pour avoir des réponses à mes questions, demande Igor au perroquet principal.

— Tu te diriges droit devant toi. Sur ta droite, tu verras des écriteaux en bois précisant la spécialité de chacun de nos brillants oiseaux.

— À l'entrée de chaque poste de vérité, tu dois d'abord t'incliner et t'assoir en attendant qu'il soit prêt à te répondre. Le moment venu, il se perchera sur ta tête et te guidera.

— D'accord, répond Igor totalement abasourdi par cette proposition.

— Eh bien moi, je retourne dans le bateau dit le King indigné. Et qui sait, lorsque tu auras terminé peut-être serai-je déjà parti, menace-t-il ! Et ce sera tant pis pour toi.

Un peu perturbé par cette menace mais trop curieux, Igor se dirige tout de même vers le premier poste conseil. C'est plus fort que lui.

On peut lire « Vie personnelle » sur le premier panneau de bois.

Sans trop réfléchir, il fait comme il lui a été indiqué. Il s'incline après avoir franchi la petite porte d'entrée, s'assoit et pense à ses questions.

— Pas besoin de trop penser. Je vais le faire à ta place lui indique un magnifique perroquet jaune très haut perché. N'aie pas peur. Je vais me poser sur ta tête. Ainsi, je saurai exactement ce que tu as besoin d'entendre.

Et le voilà qui s'installe confortablement au sommet du crâne d'Igor.

— J'aimerais quand même te poser mes questions.

— Tu peux toujours y aller.

— Bon voilà ! J'aurais besoin que tu m'expliques pourquoi depuis tout petit je me sens invisible, inutile, inintéressant. Est-ce moi qui ai un problème comme le laisse entendre mon ami le King ?

— Facile ! Ce sont ceux qui t'ont élevé ainsi que tes amis et tes enseignants qui ont des problèmes. Ils n'ont pas su t'aimer, ni te comprendre. C'est eux qu'il faut tenir responsables de ton manque de confiance.

— Alors, que faire pour cesser de me sentir ainsi ?

— Écoute-moi bien. Tu dois absolument éviter tous les gens qui leur ressemblent. Tu dois te protéger de ce genre de personnes, car en leur présence tu te sentiras à nouveau comme un minus.

— Comment tu sais que j'utilise ce mot ?

— Je sais tout !

— Bon, reprend Igor, j'avoue que c'est un peu ce que je fais depuis quelques années.

— C'est très bien ça ! Je suis fier de toi.

— Par ailleurs, rappelle-toi que tu ne peux faire confiance à personne d'autre qu'à ton ami le perroquet. Il connait exactement ce qui est bon pour toi.

— Il sera content d'entendre ça !

— Dis-moi, est-ce qu'un jour je me sentirai plus serein ?

— La sérénité ? Connais pas ! Ici sur terre, tu as deux choix soit tu te défends, soit tu te sauves pour te protéger. Un point c'est tout !

— Un petit conseil avant de partir. Continue à chercher pourquoi tes proches ne t'ont pas aimé plus que ça. Une fois que tu auras trouvé, je t'assure que tu te sentiras mieux.

— Mais… c'est pour cette raison que je venais te voir ?

— Ma spécialité c'est de trouver qui est coupable de tes inconforts. Pour la suite, tu devras consulter un autre perroquet.

— O.K !

Igor quitte ce premier poste conseil un peu bredouille bien qu'il soit réconforté à l'idée qu'il ne soit pas la source de ses mal-être mais plutôt, les personnes qui l'ont entouré.

— J'ai hâte de voir ce que le deuxième perroquet me réserve comme éclairage, se dit-il intérieurement en marchant les mains dans les poches.

— Si seulement le King avait entendu ça ! Il m'aurait certainement dit de ne pas le croire, persuadé que sa version du mauvais sort qui m'a été destiné est meilleure que celle du perroquet jaune.

Quelques pas plus loin, l'attend déjà le perroquet « conseil de la vie amoureuse » comme le précise le panneau de bois à l'entrée.

— Sans perdre une minute, il vole vers moi, s'assoit sur mes genoux et me picore les mains.

— Bizarre de rituel ! Peut-être cherche-t-il à manger ?

— Pas du tout, lui répond le perroquet aux plumes rouges, l'ayant entendu penser. C'est ainsi que je détecte la vérité à ton sujet.

— Ah bon ! Mais je n'ai même pas eu le temps de m'incliner.

— Ce n'est pas grave. Tu le feras en sortant.

— Accroche-toi, je monte maintenant sur ta tête.

Igor commence à y être habitué.

— Alors, quelle question souhaites-tu me poser ?

— Je ne comprends pas pourquoi aucune femme ne s'intéresse à moi. Je ne suis pas si mal, il me semble.

— Je t'explique. Il te faut faire une croix sur cette idée d'être en couple. Les femmes sont trop compliquées. Toujours, elles te demanderont de communiquer, d'exprimer tes émotions, de les rassurer. As-tu vraiment besoin de cela dans la vie ?

— Oui, mais… il doit sûrement y avoir une femme compatible avec moi sur cette terre ?

— Crois-en mon expérience. Toutes les personnes qui sont venues me consulter n'ont jamais été heureuses en couple. Alors, tu ferais aussi bien de te faire à l'idée tout de suite.

— Je t'assure qu'ainsi tu t'éviteras bien des problèmes et ta vie sera plus tranquille.

— À vrai dire, je suis un peu fatigué de vivre seul.

— Tu as ton perroquet, non ? Ne te suffit-il pas ?

— Crois-moi, il est probablement le seul qui ne te laissera jamais tomber.

— D'autres questions ?

Complétement hébété, Igor ne sait plus quoi demander.

— Garde bien mon conseil en mémoire si tu veux être heureux Igor.

— Ah oui, j'oubliais ! Tu peux toujours choisir de ne pas me croire. Mais je t'avertis, tu le regretteras.

S'inclinant devant le perroquet rouge, Igor poursuit sa route espérant entendre de meilleures nouvelles au prochain poste.

Et voilà qu'au loin, il aperçoit un perroquet tout bleu perché sur l'écriteau de bois intitulé « Vie professionnelle ».

— Comme je suis content ! Cela fait longtemps que je me questionne à ce sujet ! se dit-il.

— Bienvenue, cher humain ! Permets-moi de me poser sur ton crâne pour y percevoir ta vérité professionnelle.

— Oui bien sûr, répond-il en s'inclinant devant l'oiseau majestueux.

— Ah oui, je vois ! Tu te sens inférieur à ton patron, n'est-ce pas ?

— Tellement souvent ! Je ne sais jamais comment agir lorsqu'il me fait sentir petit ?

— Écoute-moi bien ! Je te conseille de ne jamais te laisser faire lorsque tu te sens ignoré ou intimidé. Tu dois lui montrer qui est le plus fort.

— Mais justement, je ne me sens pas le plus fort !

— Là n'est pas la question. Tu dois faire semblant de l'être.

— Je vais te donner un truc pour t'y aider. Tu dois mettre le masque de la force avant d'aller travailler et tu le gardes toute la journée. Ainsi, tu seras protégé. Et surtout, défends-toi. Ne te laisse jamais marcher sur les pieds. Tu as compris ?

— Oui, d'accord. Est-ce que je dois porter ce masque même à la maison ?

— Tu as un perroquet chez toi, non ?

— Oui !

— Alors, tu n'as pas besoin de t'inquiéter. Il te servira de masque protecteur, comme il l'a toujours fait.

— D'accord et merci !

Nous voilà au dernier poste conseil. Un perroquet au magnifique plumage vert m'attend, perché sur la chaise de consultation.

— Voici l'occasion d'y voir plus clair au sujet de ma vie sociale. À bien y penser, je n'ai qu'une seule question.

— Je t'écoute.

— J'avoue que je ne comprends pas pourquoi mon meilleur ami ne se soucie pas de moi plus souvent. Jamais il ne m'appelle pour prendre de mes nouvelles. C'est toujours moi qui dois faire les premiers pas et je me demande si c'est normal. Par ailleurs, lorsque je lui laisse des messages, il met des jours avant de me répondre et ça, c'est lorsqu'il choisit de me répondre.

— Je t'arrête tout de suite. Je pense savoir exactement pourquoi ton ami se comporte ainsi.

— Vraiment?

— J'ai souvent vu ce genre de situation. Je suis persuadé que ton ami est totalement centré sur lui-même. Il ne s'est pas senti écouté en étant jeune, ce qui fait en sorte qu'il a de la misère à écouter les autres. À mon avis, ce n'est pas toi qui devrais consulter quelqu'un mais bien lui, explique le perroquet.

— Ah bon! Comment fais-tu pour savoir ça?

— Je le sais. C'est tout!

— Je suis doté de la capacité d'interpréter les situations compliquées. Cette explication te rassure, n'est-ce pas?

— Oui bien sûr! Toutefois, qu'est-ce que je fais la prochaine fois que je le vois?

— Tu l'ignores. Ainsi, il saura comment on se sent lorsque nous sommes ignorés. Ce sera une belle punition.

— Voilà tout!

— Merci de m'avoir conseillé et bonne fin de journée, dit Igor avant de retourner saluer le perroquet principal.

— Merci de nous avoir rendu visite Igor et surtout n'oubliez pas nos règles.

— Pas de problème, répond Igor en le saluant timidement.

Arrivé dans le bateau, le King lui demande comment se sont passées ses rencontres. Très curieux d'entendre Igor, il prend une pause détendue masquant la peur d'avoir été dupé par ses comparses.

— Je te raconterai plus tard. Pour le moment, je t'avoue que je me sens un peu bizarre. J'ai l'impression d'être encore plus mêlé que je l'étais avant d'arriver sur cette île.

Le King se retire sur le siège arrière du bateau laissant Igor patauger dans sa confusion.

— Il aurait mieux fait de m'écouter, marmonne-t-il.

Pause Introspective

Vous arrive-t-il de chercher des réponses à vos questions existentielles chez les autres ?

Souvent

Occasionnellement

Jamais

Avez-vous déjà eu l'impression de donner votre pouvoir à une autre personne ?

Souvent

Occasionnellement

Jamais

Doutez-vous d'être doté d'une petite voix intérieure qui vous guide ?

Souvent

Occasionnellement

Jamais

Vous êtes-vous déjà raconté une histoire en lien avec une situation et/ou un comportement que vous ne compreniez pas : histoire qui s'est avérée digne d'un scénario de film lorsque vous avez entendu la version de la personne concernée elle-même ?

Souvent

Occasionnellement

Jamais

Si vous avez répondu oui à une ou plusieurs de ces questions, rassurez-vous. Vous êtes tout à fait humain.

Que faire à partir du moment où vous en êtes conscient ?

Ne vous jugez surtout pas !

Félicitez-vous à la place ! C'est déjà un bien grand pas en avant.

La plupart d'entre nous n'ont pas été éduqués à chercher nos réponses à l'intérieur de nous-mêmes, pas plus qu'à être conscients que notre égo nous raconte bien souvent des histoires abracadabrantes pour nous rassurer.

Observez ces tentations de l'égo avec bienveillance, lesquelles sont peut-être devenues des réflexes.

Parlez à votre égo. Dites-lui gentiment que vous l'avez reconnu. Ne cherchez surtout pas à le rejeter.

Et finalement, ajoutez une pincette d'humour. Ça marche à tout coup !

N.B. Comment savoir si les éclairages d'autrui sont bons pour vous ? Entrez en vous et écoutez pour voir s'ils résonnent. Pour ce faire, descendez au niveau de votre cœur. Vous pouvez prendre un ascenseur imaginaire pour voyager de votre tête à votre cœur. Ensuite, ressentez comment résonnent les réponses de l'autre personne. Au début, vous aurez peut-être l'impression de ne rien ressentir. Mais je peux vous garantir qu'au fil du temps, votre corps vous donnera des signes.

Habituellement, lorsque les phrases d'une personne commencent par « moi je pense que » « tu devrais » « tu ne devrais pas » « il faudrait que » « je sais ce qui est bon pour toi », elles proviennent de l'égo, qui je le rappelle, n'est pas mauvais en soi.

Ces propos découlent des expériences, des connaissances, des croyances et des intentions de la personne qui vous répond et pas nécessairement des vôtres.

Entre deux îles

— Tu sais quoi? dit Igor.

— Je ne sais plus trop vers quelle île aller?

— Pourquoi donc?

— J'ai peur de faire un mauvais choix.

— Il me semble que les îles que nous avons visitées jusqu'à présent n'ont pas été si intéressantes que ça. Je veux dire par là que je n'y ai pas éprouvé beaucoup de plaisir. Tout était si inconfortable et compliqué. Même au moment où je pensais enfin toucher au bonheur, je me suis retrouvé encore plus confus qu'avant.

— Tu en penses quoi?

— Je pense qu'on aurait dû rester à la maison et que ton projet est totalement délirant. Tu étais bien tout seul avec moi dans notre petite maison, non? Alors, pourquoi tu as cherché à nous compliquer la vie?

— Je ne sais pas trop. Une petite voix me disait que ce voyage était important pour moi.

— Quelle petite voix? Celle de ta mésange, je suppose?

Au moment même où le King prononce cette phrase, une mésange vient se poser sur le volant d'Igor.

— Tu vois ! Quelque chose me dit qu'il faut continuer malgré mes doutes et les tiens.

— Explique-moi pourquoi on continuerait ?

— Je ne peux pas te l'expliquer. Je ne suis pas aussi doué que toi en ce domaine.

— Le confort n'est-il pas préférable au risque cher ami ?

— Moi qui pensais qu'on serait plus heureux en quittant notre petit train-train quotidien.

— Encore une fois, tu t'es complètement gouré !

— C'est tellement plus simple d'avoir une vie routinière. Ainsi, on s'assure d'éviter le changement et on contrôle à peu près tout. Tu vois ?

— Oui, peut-être as-tu raison, répond Igor sans en être trop convaincu.

— On dirait bien que tu commences à remettre en question mon point de vue Igor. Je t'entends penser tu sais… Tu n'as pas le droit de me faire ça !

— Je te l'accorde. Cette aventure était probablement une mauvaise idée.

— Je dirais, assurément.

— Résigne-toi à ton sort, poursuit le King. C'est la meilleure chose à faire.

— Et, je te le rappelle. Arrête de faire confiance à cette fameuse intuition que tu as suivie. Même si c'était plus fort que toi, je t'assure que ce n'est vraiment pas une bonne idée.

— On en a la preuve maintenant.

— Un jour, tu vas finir par toujours me demander mon avis avant de prendre une décision.

— Ok. Ok. Répond Igor.

— De toute manière, il est trop tard. On ne va pas quand même revenir à la maison. Et pour être honnête, je n'ai pas envie d'abandonner. Je suis rarement allé au bout de mes projets et je le regrette.

— Alors, qu'est-ce qu'on fait ?

— Je propose que l'on passe quelques jours en mer. Il me semble que ça nous fera du bien.

— Tu ne trouves pas que c'est agaçant de ne pas savoir où on va ? rouspéta le King, à peine quelques heures plus tard.

— Agaçant ?

— J'ai besoin d'être rassuré moi ! Je veux savoir quelle île on projette de visiter. Je trouve que c'est super ennuyant de se laisser voguer ainsi. Il ne se passe rien. Un gros rien tout nu.

— Alors, cherche pendant que je me prélasse. Moi, j'en ai marre de t'entendre rouspéter. C'est fatiguant à la longue. Tu n'es jamais content.

— Bon, bon, bon. Voilà que le petit Igor se rebelle contre moi.

— Ne me traite pas de « petit ». Je ne suis pas petit.

— Comme tu veux. Tu te regarderas dans un miroir en revenant à la maison et tu verras bien que tu es petit.

— On va s'obstiner encore longtemps comme ça ?

— J'aurai toujours le dernier mot et tu le sais bien.

— Si c'est comme ça, je mets mes bouchons d'oreille. Comme ça, j'aurai la paix pour un moment.

— Bla, bla, bla, chante le King à tue-tête.

Le lendemain matin, Igor finit par donner raison à son oiseau.

— La nuit a porté conseil. Tu as bien raison. Moi aussi je ne me sens pas confortable à ne pas savoir où on va.

— J'ai vraiment l'impression de balancer dans le vide.

— Ouep ! Mais là, on n'est pas dans le vide, on est sur l'eau. Tu as remarqué ?

— Ha, Ha, Ha ! Tu te trouves drôle ?

— Certainement !

— Qu'est-ce qu'on fait en attendant de choisir notre lieu de prédilection ?

— On pourrait simplement contempler le paysage ?

— Non !

— Regarder les autres bateaux qui passent ?

— Ah oui ! Pour réaliser qu'ils sont plus beaux que le nôtre. Non !

— Dormir ?

— Non ! On ne sera pas fatigués ce soir, si on dort maintenant.

— Quoi alors ?

Rien ! On va tout simplement s'ennuyer comme sur l'île déserte.

— Quel couple, nous formons !

— Alors, ennuyons-nous.

Au petit matin, voilà qu'au moment où Igor ouvre les yeux, il aperçoit non pas une mésange mais toute une famille de mésanges qui vole autour du bateau.

Elles se posent sur la coque et quelques secondes après s'envolent en direction du nord.

Rapidement, elles font demi-tour, reviennent sur la coque et refont la même danse à plusieurs reprises.

— On dirait qu'elles veulent nous indiquer la direction à suivre. C'est un signe !

— Tu as tellement le don de t'imaginer des choses, réplique le King.

— Tant pis. Au risque de me tromper à nouveau, je les suis. On n'a rien à perdre, non ?

Pause Introspective

Comment réagissez-vous lorsque vous vous trouvez entre deux espaces ? Autrement dit, lorsque « ce qui était » est complété et ce qui arrivera n'est pas encore clair dans votre esprit, comment vous sentez-vous ?

En déséquilibre
Frustré
Paniqué
Apeuré
Stressé
Inquiet

Puisque l'égo ne fait qu'essayer de prévoir un futur aux teintes d'un passé qu'il connaît, comment percevez-vous l'idée de redéfinir le vide comme un espace dans lequel d'autres possibilités peuvent émerger ?

Inconfortable
Sceptique
Ouvert même si…
Rassuré

Voici quelques astuces pour mieux accueillir le vide que causent les espaces d'entre-deux. Sentez-vous libre d'y ajouter vos propres astuces. Et, souvenez-vous qu'à force de les mettre en application, le vide deviendra de plus en plus fertile.

Astuces :

- Lorsque vous respirez, portez attention à l'espace entre l'inspiration et l'expiration. Ce vide – cette pause – crée l'espace à partir duquel le plein peut se manifester en temps et lieu.
- À l'inspiration, gonflez le ventre et ouvrez le thorax. Cette respiration « expansée » vous permettra de vous détendre intérieurement.
- Souvenez-vous que c'est votre ego qui n'aime pas le vide. Lorsque vous le surprenez, rassurez-le.
- Levez la tête et rappelez-lui qu'une autre forme d'Intelligence voit plus clair et plus grand que lui. Il s'agit de l'Intelligence Divine.

L'île aux miroirs

Les deux mains sur la barre, le vent dans les cheveux, Igor retrouve le sourire. Quelque chose en lui a changé depuis que les mésanges se sont manifestées. Il ne comprend pas pourquoi, mais il va mieux.

Elles sont toujours là devant lui, surplombant le ciel, semblant lui indiquer la direction à suivre.

Quant au King, il refuse de sortir de sa cachette. Depuis hier soir, il a disparu sous le siège avant. Recroquevillé sur lui-même, on dirait bien qu'il boude à nouveau.

— Tant pis pour lui. Je vais en profiter pour prendre une pause de ses jacassements. C'est étourdissant à la longue. De toute manière, j'ai l'impression qu'il ne tardera pas trop à refaire surface.

Comme de fait, à peine 15 minutes plus tard, le King se rassoit sur le siège du passager comme si de rien n'était.

— Tu suis toujours tes fameuses mésanges ?

— Ne me demande pas de t'expliquer pourquoi, mais la réponse est OUI.

— Je me trompe ou tu commences à me donner moins d'importance ?

— Je ne dirais pas ça. Mais…

— Tu ne ferais pas de la fièvre par hasard ? Je ne te reconnais plus.

— Je te rassure. Je ne suis pas malade.

— Or, tu sais… cette petite voix qui m'a poussée à faire ce voyage ? Eh bien, on dirait qu'elle a envie de refaire surface. Tu comprends ?

— Alors là, pas du tout ! Je ne comprends strictement rien à tes histoires de petites voix.

Au moment même, une mésange se détache de la volée, revient vers le bateau et virevolte autour d'Igor.

— Mais qu'est-ce qu'elle fait là ? s'indigne le King.

— Je ne sais pas. On dirait bien qu'elle cherche à se poser sur la barre du bateau.

— Mais, elle se mêle de quoi ? On ne l'a pas invitée, il me semble.

— Je ne sais pas pourquoi tu réagis autant. Elle a l'air complètement inoffensive.

— Bla, bla, bla, rouspète le King.

— Allez, continuons de suivre la volée de mésanges et on verra bien.

Et c'est ce qu'ils firent pendant quelques heures.

Et voilà que la fameuse mésange se pose sur l'épaule d'Igor.

— Mais, c'est ma place ça ! Ôte-toi de là ! hurla le King.

Faisant fi de ses cris, la mésange demeure sur l'épaule d'Igor.

— Je déteste cet oiseau !

— Moi, je l'aime bien.

— Qu'est-ce qu'il a de plus que moi !

— Absolument rien. Il est seulement différent.

— Je n'aime pas ça. Je n'aime pas ça du tout, grogne le perroquet.

Faisant comme s'il n'avait rien entendu, Igor se mit à siffler joyeusement tout en se disant qu'il était bien heureux de s'être fait un nouvel ami.

Le soir venu, il tomba de fatigue. Il s'endormit tellement rapidement qu'il n'eut même pas le temps d'enlever ses vêtements.

C'est alors, qu'il fit un rêve des plus surprenants. Tout avait l'air tellement réel.

Au réveil, il le raconte au King.

— Tu sais, la mésange qui s'est jointe à notre voyage ? Elle est venue me parler la nuit dernière.

— Je me nomme Stella et je suis la voie de ton cœur, m'a-t-elle dit.

— Décidément, tu es vraiment en train de devenir fou.

— Ce n'est qu'un rêve. Ne t'inquiète pas, répond Igor en rassurant son acolyte.

Et voilà qu'une île se dessine au loin.

— Regarde ! On dirait qu'il y a des reflets lumineux tout autour de l'île, s'écrie Igor.

— Oh la la ! C'est vraiment bizarre. Je n'ai jamais vu ça de ma vie.

— Approchons-nous, pour voir de quoi il s'agit.

Curieux Igor et le King accostent leur bateau, intrigués par cette île au paysage inhabituel.

— Tu vas laisser ta mésange dans le bateau, j'espère !

— Elle n'a pas l'air de vouloir quitter mon épaule. Elle ne me dérange pas, tu sais.

— Eh bien moi, elle me fatigue. Mais, bon ! Tant qu'elle ne se met pas à parler comme elle l'a fait dans ton rêve, j'accepte qu'elle nous accompagne. Après tout, ce n'est qu'un petit oiseau.

Igor, le King et Stella s'aventurent donc à la découverte de l'île aux reflets mystérieux.

— Tu vas voir. Cette île te réserve de belles surprises, chuchota Stella à l'oreille d'Igor.

— Mais, elle parle vraiment ! Je n'ai pas rêvé, se dit-il intérieurement.

— Je n'en dirai rien au King. Car là, il va me traiter de coucou et je pense qu'il aurait raison.

— Hey regarde ! Je vois d'où proviennent les reflets. Il y a des miroirs installés sur chacune des trois buttes devant nous.

— C'est merveilleux ! Il me semble que ça fait longtemps que je n'ai pas pris le temps d'admirer mon magnifique pelage.

— Rapprochons-nous du premier miroir, dit Igor faisant semblant de ne pas avoir entendu le commentaire du King.

— Honnêtement, je ne suis pas certain de comprendre à quoi ils servent. Tu le sais toi ?

— Évidemment que oui !

— Regarde bien ! Tu ne vois pas ton manque de confiance ?

— Euhhhh oui, peut-être ? Mais, qu'est-ce qui fait que ça se voit dans le miroir ?

— Regarde, tu as les épaules qui penchent par en avant. Tu baisses les yeux comme si tu avais honte de quelque chose. Je vois même un gros point d'interrogation, là, en plein milieu de ton front : ce qui est révélateur de ton réflexe de toujours douter de toi. Ta démarche aussi, n'est pas très solide. On dirait un roseau qui bouge au moindre petit coup de vent.

— Ça se voit tant que ça !

— Ouep! Tu ne peux rien me cacher. Ça fait des années que je vis avec toi.

— Dis donc! Tu n'es pas très encourageant. À vrai dire, je ne suis pas certain d'aimer cette île.

— Je me demande bien pourquoi Stella m'a dit qu'elle me réserverait de belles surprises.

— Va voir de l'autre côté du miroir, chuchote Stella.

Sans en dire mot au King, Igor se dirige vers l'arrière du miroir. À sa grande surprise, il réalise qu'il a deux faces, en apparence identiques.

— À mon tour de te dire ce que je vois de ce côté du miroir. Fais comme si tu étais dans la lune pour ne pas attirer l'attention de ton perroquet.

— Maintenant, regarde devant et redresse-toi!

— Qu'est-ce que tu y vois de différent du King, demande Igor à Stella?

— J'y vois une personne qui a cru que sa valeur se trouvait dans le regard des autres, une personne qui a oublié que ses réponses étaient en elle-même, un homme qui a cru qu'il serait aimé davantage s'il faisait ce que les autres attendaient de lui, un enfant qui attend encore qu'on lui tape sur l'épaule pour grandir et s'assumer en tant qu'adulte.

— Je ne sais pas quelles lunettes tu portes pour voir cela en moi, mais je veux bien m'en procurer une paire, réplique Igor avec un sourire en coin.

— Parlant de lunettes, regarde bien au fond de tes yeux. Il y a une belle lumière qui s'y trouve. Tu vois le prisme que reflète cette lumière sur le miroir ?

— Oui, je pense que oui.

— C'est ta force de vie.

— Tu vois comme elle est belle et puissante ?

— Oui, mais elle est toute petite.

— C'est normal. Tu ne l'as pas encore nourrie. À vrai dire, tu as oublié qu'elle était en toi.

— Comment je fais pour qu'elle prenne plus de place ?

— Une chose à la fois. Contente-toi pour le moment de te réjouir de cette nouvelle.

— Suivant le conseil de Stella, Igor retourna de l'autre côté du miroir.

— À quoi penses-tu, demande le King ?

— À rien, à rien du tout.

— Tu es sûr que tu ne me caches pas quelque chose. Tu n'es pas comme à l'habitude.

— Non, non, je t'assure. Continuons notre route. Veux-tu ?

Arrivé au deuxième miroir, Igor constata qu'il était tout aussi grand que le précédent mais, n'avait pas tout à fait la même forme.

— Que vois-tu dans ce miroir, demande le King ?

— C'est bizarre. On dirait que j'ai un grand trou dans le milieu du corps.

— Ça veut dire quoi, tu penses ?

— Non seulement je pense, mais je suis certain que c'est le reflet de tout ce que tu n'es pas « assez » !

— Je ne comprends pas ce que tu veux dire.

— O.K. je vais t'aider.

— Est-ce que tu te sens confiant ?

— Non !

— Est-ce que tu trouves que tu es assez extraverti ?

— Non !

— Est-ce que tu te trouves assez intéressant ?

— Non !

— Est-ce que tu penses que tu es attrayant ?

— Non !

— Tu veux que je continue ?

— Non, c'est bon ! J'ai compris.

— Je t'avoue que je n'aime pas ce que tu me dis. Cependant, ça m'aide à comprendre pourquoi le trou que je vois est si gros. On dirait carrément que je suis scindé en deux.

— Va voir de l'autre côté du miroir, lui rappelle Stella.

À sa grande surprise, Igor aperçoit en plein milieu du trou, une flamme ; une toute petite flamme qui vacille.

— Tu vois cette flamme ?

— Oui, bien sûr !

— Elle est le reflet de tout ce que tu « es ».

— Ah bon ! Mais ça n'a rien à voir avec ce que vient de me dire le King.

— Sache que ton perroquet voit beaucoup plus facilement tout ce que tu n'es pas. Il est fait comme ça. Il ne faut pas lui en vouloir.

— Mon rôle à moi est de te montrer ce que tu es et ce que tu as toujours été.

— C'est encourageant !

— Mais à bien y penser, pourquoi je te croirais ? Il est pourtant bien réel ce trou béant ?

— Oui, il t'apparaît réel puisque tu le ressens. Mais dis-moi, que perds-tu à me croire ?

— En effet, je n'y perds pas grand-chose.

— Bon alors, si j'adhère à tes propos, comment je fais pour remplir ce trou ?

— Tu regardes cette petite flamme et tu la fais grandir. Au fil du temps, elle réchauffera ton cœur en manque d'amour et elle prendra de plus en plus de place en toi.

— Et, je fais ça comment ?

— Tout simplement en le décidant et en le voulant de tout ton cœur.

— C'est aussi simple que ça ?

— Oui !

— Je n'avais jamais entendu parler de cela avant. À vrai dire, je ne savais même pas qu'il y avait une flamme au cœur de mon être : surtout pas dans ce grand vide que je ressens et que le King s'est fait un plaisir de me rappeler.

— Mais qu'est-ce que tu fais derrière le miroir, crie le King ? Ça fait dix minutes que je t'attends, perché sur une branche. Je commence à m'impatienter.

— J'arrive, j'arrive.

Et les voilà partis en direction du troisième miroir.

Debout, Igor essaie de voir quel reflet de lui-même celui-ci pourrait bien lui révéler.

— Je vois tout plein de fissures dans le verre. Tu les vois aussi, demande-t-il au perroquet ?

— Oui, bien sûr. Je ne suis pas aveugle même si mes yeux sont petits.

— Tu penses que ça veut dire quoi ?

— Tu veux vraiment le savoir ?

— Oui !

— Ce sont assurément toutes les déceptions que tu as vécues.

— Ah bon ?

— Tu penses que j'en ai vécu tant que ça ?

— Penses-y bien ! Est-ce que tes rêves se sont déjà réalisés ?

— Hum ! Je ne sais pas trop.

— Alors, je vais t'aider en te posant à nouveau des questions.

— As-tu rencontré la femme de tes rêves ?

— Non !

— Fais-tu le travail de tes rêves ?

— Non !

— Vis-tu dans la maison de tes rêves ?

— Pas vraiment !

— As-tu eu les parents parfaits ?

— Absolument pas ! Dis-moi, comment savais-tu que je chérissais tous ces rêves ?

— Tu penses qu'on m'appelle le King pour quelle raison ?

Regarde-bien devant toi, chaque fissure représente les fois où tu as été déçu des autres, de la vie ou de toi-même.

— Ouf ! Je peux bien être malheureux !

— Je te l'ai répété à plusieurs reprises. Tu es doté d'un mauvais sort. Mais on dirait que tu ne me crois pas. Maintenant, tu en as la preuve !

— Cette fois, sans attendre que Stella le lui rappelle, Igor se dirige de l'autre côté du miroir.

— Attends-moi ici, dit-il au King, que je prenne le temps de digérer tout ça.

— Mets ces lunettes Igor, lui propose Stella.

— Tu vois les fissures ?

— Ohhh, elles ont changé de couleur !

— Oui, tu les vois maintenant avec les yeux du cœur plutôt qu'avec ceux de la tête.

— Sont-elles vraiment de couleur or ?

— Absolument !

— Tu connais l'art traditionnel japonais du kintsugi ?

— Alors là, pas du tout.

— C'est une pratique qui consiste à réparer des objets brisés.

— Tu veux dire que je suis brisé ?

— Mais non !

— Permets-moi de continuer.

— Excuse-moi.

— Dans cette tradition, lorsqu'un objet est brisé, plutôt que de le jeter ou de croire qu'il n'est plus utile, on le colmate avec de l'or.

— Vraiment ?

— Oui, c'est comme si on lui donnait une deuxième vie. Et je t'avoue que grâce à cette pratique, les objets sont souvent encore plus jolis qu'avant.

— D'accord, c'est bien beau. Mais comment ça s'applique à moi ?

— Je t'explique. La couleur or que tu vois sur les fissures représente l'amour.

— L'amour ? ? ? ?

— L'amour ! N'est-ce pas ce que tu as cherché toute ta vie ?

— Bien sûr !

— Alors, je t'annonce que cet amour est disponible en toi !

— Vraiment ? !

— Tu sais, l'amour est une énergie qui est disponible à tous et accessible de l'intérieur.

— Ah bon !

— Personne ne m'a jamais dit ça.

— Pourtant ! C'est la vérité.

— Mais, tu viens de quelle planète, toi ?

— Justement, je viens de la planète du cœur : planète qui vit en toi lorsque tu lâches un peu ta tête.

— J'ai une question pour toi ?

— Oui !

— Que m'arrivera-t-il si le King n'est plus là ?

— Je te rassure. Il sera toujours là.

— Ta maison est assez grande pour lui et moi, non ?

— Bien sûr !

— Toutefois, je tiens à t'avertir que si tu me fais une belle place dans ta vie, il risque au début d'être un peu jaloux. Mais, rassure-toi ! Avec le temps, il s'habituera à ma présence.

— Je trouve tes explications un peu floues. Mais en même temps, j'ai envie d'y croire.

Cela dit, qu'est-ce que je fais avec les fissures ?

— Tu y déposes de l'amour.

— Et, je fais comment concrètement ?

— Pour commencer, tu descends dans ton cœur. Au début, tu auras peut-être de la difficulté. Pour t'y aider, tu reprends l'ascenseur imaginaire : celui qui te permet de voyager de ta tête à ton cœur.

— Ah oui ! Je me souviens d'avoir entendu ça quelque part ! Et ensuite ?

— Tu inspires et tu imagines que tout plein de petits cœurs prennent vie en toi. À l'expiration, tu les envoies dans les fissures.

— Autrement dit, à chaque fois que tu es déçu de toi, de la vie, des autres, ressens ce que cela crée en toi, à l'image d'une fissure, et remplis-la de petits cœurs.

— Je te donne un exemple concret. Quelqu'un ne t'a pas donné l'attention ou la reconnaissance que tu souhaitais. Tu as fait quelque chose de super gentil pour lui et il n'a même pas daigné te remercier. Cela ouvre ou rouvre à nouveau une fissure en toi, c'est-à-dire, la déception de ne pas être apprécié. N'est-ce pas ?

— Comment tu as deviné ?

Stella sourit.

— Et je la colmate avec de l'amour ? C'est ça ?

— C'est tout à fait ça.

— Tu verras, au fil du temps, tu iras non seulement mieux mais, tu constateras que ce que tu croyais être des failles ou si tu préfères des défauts, étaient tout simplement des espaces qui manquaient d'or, que tu peux appeler de la lumière ou de l'amour. C'est comme tu veux.

— Merci Stella !

— Bon ! Il était temps que tu reviennes. Tu as dû réfléchir beaucoup derrière ce miroir ?

— En effet, répondit Igor ne sachant trop comment expliquer cette expérience à son alter ego.

— Tu sais quoi ? Plus ça va, plus je trouve que tu changes. Et je ne suis pas certain d'aimer ça, s'exclame le King avant de remonter dans le bateau.

— Ce petit oiseau de malheur ne me volera pas mon emprise sur Igor, marmonna-t-il !

Pause Introspective

Quelle perception avez-vous de vous-même ? Je suis…

☐ Aimable	oui	non	un peu
☐ Talentueux	oui	non	un peu
☐ Positif	oui	non	un peu
☐ Heureux	oui	non	un peu
☐ Serein	oui	non	un peu
☐ Confiant	oui	non	un peu
☐ Tolérant	oui	non	un peu

Vous arrive-t-il d'être déçu de vous, des autres, de la vie ?

Jamais

Souvent

À l'occasion

Serait-il envisageable pour vous de concevoir que derrière vos déceptions, se trouvent des attentes ?

Oui

Non

Peut-être

Si tel est le cas, quelle seraient vos principales attentes ?
- Que les autres répondent à vos besoins
- Que les gens vous comprennent tout le temps
- Que les gens ne vous jugent pas
- Que la vie soit toujours facile
- Que la Vie finira par arranger les choses

Avez-vous tendance à mettre l'accent sur ce que vous n'êtes pas, plutôt que sur ce que vous êtes ?
Souvent
Jamais
À l'occasion

Et si je vous disais que c'est votre ego qui vous laisse croire que vous n'êtes pas « assez », que la vie serait meilleure si…, que votre bonheur dépend d'autrui ?

Et si dans votre propre maison intérieure vivait une Stella, lui permettriez-vous de sortir de sa cage ?

Je vous laisse méditer sur ces questions !

L'île aux regrets

Igor navigue joyeusement.

Depuis son escale à l'île aux miroirs, il se surprend à penser à cette petite flamme qui vit en lui. Plusieurs fois par jour, il la fait grandir à l'inspiration tel que lui a enseigné Stella.

Quant au King, il n'a pas conscience de cette pratique. Il croit qu'il respire le grand air.

Stella, toujours perchée sur son épaule lui dit :

— J'ai une expérience à te proposer. Tu es d'accord ?

— Si c'est une belle expérience, je dis oui.

— Je ne sais pas ce que tu entends par une « belle expérience ». Chose certaine, elle te sera salutaire. À vrai dire, elle t'aidera à ouvrir tes ailes un peu plus.

— Comme toi ?

— Oui, si tu veux. Cela te permettra de te sentir plus libre, plus léger.

— Alors, d'accord.

— Suis-moi. Je vais t'indiquer le chemin.

— Allons-y !

— Igor changea de cap sans trop se poser de questions.

Mais… il n'en fut pas de même pour le King.

— Je peux savoir où on va ! ?

— Par là-bas !

— Quelle idée de prendre une telle décision sans m'en parler !

— J'ai envie de suivre Stella. Regarde ! Elle nous montre le chemin vers une nouvelle île à visiter.

— Ahhh celle-là ! Elle commence à m'énerver.

— Allez ! Prenons un risque. Ça fait partie de l'aventure, non ?

— Je déteste les risques. Tu sais bien qu'il faut tout prévoir dans la vie.

— On est en vacances après tout.

— Je ne sais pas trop quelle mouche t'a piqué. Mais, on dirait que tu fais plus confiance à cet oiseau qu'à moi. MOI qui fus toujours là pour toi ! ! !

— Tu sais bien que je te fais confiance. J'ai seulement envie d'explorer autre chose.

— O.K. mais je t'avertis. N'oublie pas ce qu'il t'a été dit sur l'île aux perroquets. Tu dois éviter de remettre en question mes conseils. Sinon… gare à toi.

— Oui, je m'en souviens très bien. Merci de me le rappeler.

— On arrive dans une heure ou deux, m'informe Stella.

— Qu'est-ce que raconte ton petit oiseau ?

— Elle dit qu'on arrive dans une heure ou deux.

— Au moins, elle n'a pas une tête de moineau. Il y a un petit peu de logique dans sa caboche, poursuit le King avec une belle pointe d'arrogance.

Stella fit comme si elle n'avait rien entendu.

— Qu'est-ce qu'on va faire sur cette île ? Tu peux m'expliquer, demande Igor à Stella ?

— Je t'expliquerai une fois sur place. Apprécie le paysage en attendant. C'est important.

— Oui, tu as raison.

Igor apprend à se laisser bercer par la mer tout en se laissant guider par Stella.

— C'est nouveau ça, pour moi. Or, j'avoue que c'est pas mal moins compliqué que de toujours se prendre la tête.

Une fois arrivés sur l'île, il prit le temps de siroter un café sur une petite terrasse.

— Ça fait longtemps que je n'en ai pas bu un aussi bon, s'exclame-t-il !

— Il y a un journal quelque part, demande Igor ? Je ne veux pas être trop déconnecté du monde.

— Ça y est! Il vient de retrouver ses esprits, s'écrie le King! Je ne l'ai pas totalement perdu.

— Ton petit oiseau a disparu?! On est enfin débarrassé?!

— Je crois qu'il est plutôt allé explorer les lieux.

En effet, Igor ne s'était pas trompé. Le voici qui revient vers eux

— Torpinouche de torpinouche! Je n'aurai jamais la paix avec cet oiseau de malheur!

— À mon tour d'aller me promener, s'exclame le King, indigué. Arrange-toi tout seul!

— Un peu déçu, Igor fit la moue. Il se sent coupable d'avoir offusqué son alter ego.

— Ne t'en fais pas Igor! Il reviendra, dit Stella.

— En attendant, je t'explique ma proposition. Tu vois le sentier devant nous?

— Oui!

— C'est un sentier un peu particulier. Il te permettra de faire une forme de pèlerinage.

— J'ai toujours rêvé de faire un pèlerinage. Ça tombe bien.

— Celui-ci est particulier. Tu devras t'arrêter à 5 stations. À chacune d'entre elles, tu t'adosseras à un arbre de ton choix et tu revisiteras tes regrets.

— Pourquoi faut-il revisiter nos regrets ?

— Ne pose pas trop de questions ! C'est pour le mieux. Tu verras.

— Je vais choisir de te croire. Dommage que le King ne soit pas là. Je lui aurais bien demandé son avis, se dit-il intérieurement.

L'ayant entendu penser, Stella le rassure.

— Il reviendra plus vite que tu ne le penses. Ne t'inquiète pas.

— Alors, tu te sens prêt ?

— Je pense que oui. Même si j'ai un peu peur.

— Allons-y !

— Nous voici à la première station. Je te laisse le soin de choisir ton arbre et de t'y adosser.

Pendant qu'il s'exécute, Igor s'inquiète pour le King. Et s'il ne revenait pas … ?

— C'est bon ? Tu as trouvé ?

— J'hésite. Je crois que je vais choisir celui-là.

— Parfait ! Fais-toi confiance Igor.

— Pas facile, je t'avoue.

— Alors, assieds-toi. Réfléchis à ton plus grand regret et fais-moi signe lorsque tu l'auras trouvé.

— D'accord !

Au moment où il ne l'attendait plus, voilà que le King se perche sur une branche, juste au-dessus d'Igor.

— Ouf! Il était temps que tu arrives. J'ai besoin de toi car je dois trouver mon plus grand regret. Tu veux bien m'aider?

— Facile! répond le King. Ton plus grand regret est de me tromper avec ton petit oiseau.

— Ha, Ha, Ha! Tu te trouves drôle!?

— Mais, je suis sérieux.

— Peux-tu m'aider s'il te plaît?

— D'accord, d'accord.

— De mon point de vue, il me semble que mon plus grand regret est d'avoir eu des parents qui m'ont mal aimé pour ne pas dire, qui ne m'ont pas aimé tout court.

— Je me trompe?

— Alors là, pas du tout! réplique le King. La plupart du temps, ils faisaient comme si tu n'étais pas là et lorsqu'ils te voyaient, ils ne trouvaient pas mieux que de te critiquer. Quelle idée d'avoir des enfants si on ne leur donne pas d'attention aimante!!!

— Mais j'y pense, comment fais-tu pour savoir ça? Tu n'étais pas avec moi lors de mon enfance.

— Je sais tout et je vois tout. Point final!

— Je sais que je te l'ai déjà dit, mais j'aimerais bien avoir ta confiance.

— Pas besoin. Tu m'as MOI !

— Maintenant que tu as trouvé ton premier regret, je te propose d'y mettre un peu de lumière, lui dit la mésange.

— On fait ça comment ?

— Tu descends dans ton cœur comme je te l'ai montré l'autre jour. Ensuite, tu imagines que l'arbre auquel tu es adossé possède deux grands bras qui t'enveloppent. Tu les sens ?

— Pas vraiment !

— Alors, fais comme si tu les sentais.

— O.K. Je pense que ça marche. Et maintenant ?

— Retrouve le petit garçon en toi et demande-lui s'il est prêt à grandir ?

— Il est d'accord. Il m'a répondu tout de suite. Je suis surpris.

— Parfait ! Continue jusqu'à ce qu'il soit devenu aussi grand que toi.

— C'est bon. J'y suis.

— Comment ce petit garçon devenu grand perçoit-il le regret que tu as identifié ? Prends tout le temps qu'il te faut.

Après une dizaine de minutes, Igor eut l'impression qu'un film défilait devant ses yeux. Il y vit ses parents qui n'avaient pas voulu l'ignorer et encore moins le critiquer outre mesure. Il y perçu deux adultes qui ont aussi manqué d'amour, lorsqu'ils étaient petits.

— En quoi cette autre lecture de tes parents change les choses ?

— Je crois qu'ils ont fait de leur mieux et qu'il me revient de m'occuper de ce petit enfant blessé qui vit encore en moi. Je me suis senti tellement mieux lorsque tu m'as proposé de le faire grandir. Jamais, je n'aurais cru que c'était possible. Merci Stella !

— Ferme les yeux et dis-moi s'il reste un peu de regrets en lien avec cette situation ?

— Un peu. Cela a tout de même affecté ma vie entière !

— Tu peux demander à ce même arbre de t'aider à t'en libérer.

— De quelle manière ?

— Simplement avec ton intention, tu lui demandes d'envoyer le reste de tes regrets dans la terre. Ils passeront par ses racines.

— Wow ! Ça marche vraiment ?

— Si tu y crois. Oui.

— Étends-toi un peu sous l'arbre. Je viendrai te chercher pour la deuxième étape bientôt.

— C'est d'accord !

Pendant ce temps, le King surveille Igor de loin.

— On continue ?

— Oui, je suis prêt !

— Tu trouves ton deuxième regret en faisant le même rituel que tout à l'heure. Appelle-moi lorsque tu seras prêt.

Igor appela le King pour l'y aider.

— Mon deuxième regret est de ne pas avoir été bon à l'école. Il me semble que ma vie aurait été tellement plus facile ! Qu'est-ce que tu en penses ?

— Je suis persuadé que c'est pour cette raison que tu as été ridiculisé par tes camarades de classe. Si seulement tu avais eu de meilleurs professeurs. Ces gens-là ne donnent de l'attention qu'aux bons élèves ! Quelle injustice ! ! !

— C'est gentil de prendre ma part. Mais ce n'est pas toi qui m'as déjà dit que je n'étais pas assez intelligent ?

— C'est vrai. Mais c'est leur faute. Pas de la tienne.

— Donc, mon regret serait plutôt de ne pas avoir eu les bons professeurs ?

— C'est ça ! Il faut bien accuser quelqu'un !

— Ouais, tout ne peut pas être ma faute, quand même !

— Si tu n'as plus besoin de moi. Je vais aller faire un tour. J'ai vu un joli perroquet femelle dans le coin !

— Ne t'éloigne pas trop.

— Tu as trouvé ton deuxième regret, demande Stella ?

— Oui, je l'ai non seulement trouvé mais, je suis descendu dans mon cœur et je me suis laissé entourer par les bras de l'arbre.

— Et puis ? Qu'y vois-tu de différent ?

— C'est fou ! J'ai entendu une petite voix qui m'a expliqué que j'avais toujours été doté d'une autre forme d'intelligence, plus intuitive, plus artistique et que c'est pour cette raison que les professeurs ne savaient pas comment m'accompagner. Ce n'était pas la mode à cette époque. Mais dis-moi, Stella ? Si je suis vraiment doté d'une forme d'intelligence plus intuitive, comment se fait-il que je ne la ressente pas ?

— Parce que tu ne l'as pas développée. On t'a toujours comparé aux gens qui avaient une intelligence plus rationnelle : raison pour laquelle, tu as cru que tu étais moins intelligent. Tu as donc pensé que tu devais être comme les autres et c'est normal puisque dans ton monde humain, on donne plus d'importance à l'intelligence rationnelle.

— Je suis donc normal ?

— Tu es plus que normal. Tu es un être sensible et très intelligent.

— Attends que je dise ça au King !

— Je ne suis pas certaine qu'il comprendra. Mais, tu peux toujours essayer.

— De toute manière, il est occupé avec sa nouvelle conquête.

— Allez ! Repose-toi un peu et laisse tout ça se déposer en toi. Au besoin, demande à l'arbre de t'accompagner.

— Comment vas-tu ? lui demande Stella au bout d'un moment.

— Je pense que ça va. Je ne ressens plus de regret. Au contraire, je me sens plutôt libéré. À bien y penser Stella, je regrette je ne pas avoir su cela plus tôt.

— Eh bien voilà ! Offre ce regret à ton arbre.

— Bonne idée !

— Prêt pour la troisième station ?

— Oui, tout à fait ! Le King n'est pas revenu. J'aurais bien eu besoin de lui. Or, ça fait tellement longtemps qu'il pense pour moi que j'entendrai sûrement ses commentaires dans ma tête.

Stella se contenta de rester en silence.

L'image de sa première amoureuse lui revient en tête, aussitôt appuyé sur l'arbre. Il vit à quel point il avait été maladroit avec elle. Très centré sur ses propres besoins, il avait oublié de prendre en considération les siens.

Il avait tellement peur de ce que les gens allaient penser de lui, que jamais il ne se laissait aller. Pour toutes ces raisons, sa première flamme en a eu marre. Une vie aussi exigeante et ennuyante ne lui convenait pas.

Igor descendit dans son cœur enveloppé des bras de l'arbre. Sans que Stella le lui demande, il se rendit disponible à voir sa première relation autrement. C'est alors qu'il entendit :

— Cette relation est venue te montrer les parts de toi qu'il te restait à aimer Igor. Sans elle, tu n'aurais pas pris conscience de ce que l'on pourrait appeler, tes parts d'ombre. Maintenant que tu les vois, es-tu prêt à la remercier et à les transformer ?

— Je veux bien. Mais avant, j'ai une question. Tu parles de parts d'ombre. Ce n'est pas beau de l'ombre ! Il me semble que ce mot confirme que je ne suis pas digne d'aimer et d'être aimé.

— Au contraire, « les parts d'ombre » signifient seulement les parts de toi qui demandent à être éclairées, celles qui ont besoin de plus de lumière ou si tu préfères, d'amour.

— Comme ce que nous avons vécu à l'île aux miroirs ?

— Oui, tout à fait !

— J'ai une autre question. Si j'éclaire mon petit côté catégorique et mon opportunisme occasionnel, vais-je rencontrer une femme qui m'aimera ?

— Je ne peux rien te promettre. Chose certaine, tu seras beaucoup plus heureux avec toi-même et cela ça plait aux femmes !

Stella se posa à nouveau sur l'épaule d'Igor.

— Imagine-toi donc qu'une autre petite voix est venue m'accompagner à cette station.

— Ce n'était pas une autre voix, Igor. C'était moi. Cela prouve que tu commences à m'entendre sans me voir. N'est-ce pas merveilleux !

— Étends-toi un peu et permets à tes ailes invisibles de s'ouvrir encore un peu plus. Je viendrai te chercher tout à l'heure.

— Merci Stella.

— Je me demande bien où est le King. Il ne m'a jamais abandonné aussi longtemps ! Et s'il me laissait tomber pour un autre perroquet ?

— Tu rêves ou quoi, répondit le King caché derrière l'arbre.

— Ouf ! Tu m'as fait peur. Je croyais que tu étais parti pour de bon.

— Mais, quelle idée !

— Tu fais quoi là ?

— Je dois trouver mon quatrième regret.

— Tu en étais pas au troisième regret ?

— Si, mais celui-là je l'ai trouvé par moi-même.

— Alors, on le trouve ensemble ce quatrième regret ? Réfléchissons !

— Je l'ai trouvé ! Je regrette de ne pas avoir eu d'enfants. Il me semble que ma vie aurait été toute autre… moins solitaire, plus animée. Sans enfants, tu sais… je n'aurai rien à léguer à personne.

— Je t'informe qu'un perroquet, ça vit pas mal longtemps.

— Tu sais bien que je ne parle pas de ça !

— Mais oui, je sais. Je voulais te taquiner.

— C'est bien rare que tu fasses preuve d'humour. On dirait bien que toi aussi, tu changes.

— Revenons à nos moutons.

— De quels moutons tu parles ?

— Mais, dis-donc, elle t'a fait du bien cette femelle perroquet !

— On dirait bien. Parlant d'elle, je vais aller voir si elle est toujours en attente de ma magnifique présence. À tout à l'heure !

— À tout à l'heure, alors !

— Igor ferma les yeux et prit le temps de regarder s'il était allé au bout de ce regret.

Incertain, il demande de l'aide à Stella.

— Je vais te poser une question. Dois-tu vraiment abandonner l'idée d'avoir un enfant ?

— Je ne suis pas trop vieux ?

— Tu n'as que 45 ans.

— Comment faire alors pour garder ce rêve en tête sans devenir triste, s'il ne se réalise pas ?

— Je t'explique. Tu ne le gardes pas en tête mais plutôt, dans un espace de ton cœur. Fais confiance à la Vie et dis-toi que si ta destinée passe par le fait d'être parent, cela arrivera. Laisse-toi surprendre. C'est le King en toi qui cherche à tout prévoir ou devrais-je dire, à tout contrôler. Il prévoit même des scénarios qui ne sont pas arrivés. En attendant, je te propose de t'occuper de ton enfant intérieur, qui est bien vivant, et qui a besoin de toute ton attention.

— Tu as toujours les bons mots Stella. Il me semble que tes éclairages me libèrent et défont plein de nœuds qui étaient restés coincés en moi.

— Tu m'en vois ravie.

— J'ai une autre question. Tu as dit tout à l'heure que c'était le King en moi qui cherche à tout prévoir. Tu peux m'expliquer ?

— Le King te parle depuis tellement longtemps que tu as fini par l'entendre, sans le voir. Je vais même aller plus loin. Tu as fini par croire tout, mais absolument tout ce qu'il te dit.

— Ouf ! Tu vas un peu loin, il me semble.

— Tu as le droit de ne pas me croire.

— Il nous reste une station à visiter avant de quitter cette île. Tu te sens prêt à y aller ?

— Je remercie cet arbre et j'arrive !

— Très bien. Prends tout ton temps.

Igor se surprit à faire un gros câlin à l'arbre sur lequel il avait déposé son quatrième regret.

— Heureusement que le King ne m'a pas vu, se dit-il !

Tout en marchant vers la cinquième station, Igor perçut son regret.

— Si tu savais comme je regrette de ne pas avoir choisi un travail qui me nourrisse davantage, confie-t-il à l'arbre.

— Qu'aurais-tu aimé faire comme travail, demanda Stella ?

— Tu m'as fait peur. Je ne t'avais pas vu !

— J'aurais aimé construire des bateaux de A à Z plutôt que de m'occuper seulement des moteurs.

— Et qui te dit que ce n'est pas possible ?

— Le King ! Il me répète que je n'en ai pas la capacité. D'autant plus qu'il me trouve trop vieux pour parfaire mes connaissances.

— Et toi, Igor ? Que ressens-tu à cet effet ?

— Pour être honnête, il me faut t'avouer que mon patron m'a déjà proposé de me former en vue de ce travail. Il a vu à quel point j'aime les bateaux. C'était et c'est toujours ma passion, tu sais.

— Et pourquoi as-tu refusé ?

— Pour les mêmes raisons que je t'ai mentionnées. Je me suis résigné avec le temps.

— Et maintenant que tu as déposé ce regret, que perçois-tu ?

— Je perçois de l'espoir. Mon enfant intérieur est tout content. Tu penses que mon employeur accepterait de m'enseigner l'art de la construction d'un bateau ?

— Demande-lui et tu verras bien !

— Et s'il dit, non ?

— Et si tu visualisais une réponse positive, que ce soit de sa part ou de la part d'une autre personne ?

— Tu penses que ça marcherait ?

— Tu as envie d'y croire ?

— Bien sûr !

— Alors, fais-le vivre en toi, ce rêve. De toute manière, ce ne sera pas très difficile car il m'a l'air très présent. Libère-le de sa petite prison.

— Je fais ça comment ?

— Tu peux offrir toutes tes restrictions à cet arbre. Qu'en dis-tu ?

— Bonne idée ! Je le fais tout de suite.

— Lorsque tu seras prêt, je t'attendrai sur le quai.

— Et, si j'ai d'autres regrets ?

— Maintenant, tu sais comment faire. Tu n'auras qu'à en prendre soin plutôt que de les ruminer, répondit Stella, un sourire en coin.

— Le cœur léger, Igor se dirige vers le quai.

— Mais, il me manque quelque chose, se dit-il !

— Le King ! Mais bien sûr, le King !

— Je suis là Igor. Sache que même si tu m'oublies, moi je ne t'oublierai jamais.

Et c'est parti pour une nouvelle aventure !

Pause Introspective

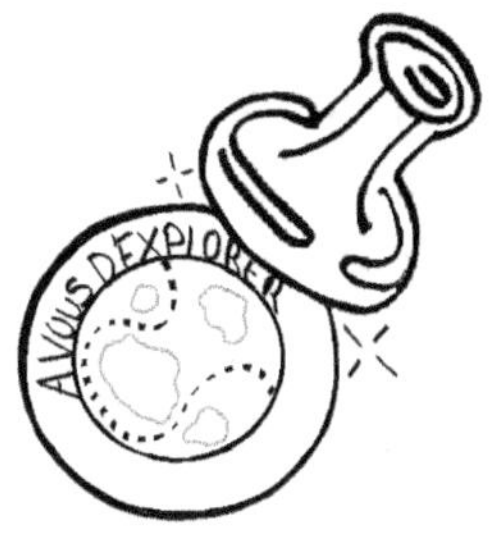

Je me sens prêt à explorer mes regrets ?

Oui

Non

Peut-être plus tard

J'aime à croire qu'un regret libéré fait de la place pour plus de légèreté et de bonheur.

Oui

Non

Peut-être

Je prends de plus en plus conscience de la manière dont mon ego nourrit mes regrets. Pour m'y aider, j'observe mes phrases qui commencent par …

– J'aurais dû…

– Il aurait fallu que …

– Si seulement j'avais ou il avait …

– Si c'était à recommencer, je …

Le moment venu, je complète les débuts des phrases ci-haut.

Cet exercice me permet de prendre davantage conscience de mes regrets, c'est-à-dire des situations, des relations, des évènements qui sont demeurés en suspens ou sans issue.

Pour m'en libérer, je peux m'inspirer des propositions de Stella. Je peux aussi
- Explorer ce que ces situations non réglées m'ont apprises de moi et de la vie
- Laisser aller celles sur lesquelles je n'ai aucun pouvoir d'action
- Et, me donner les moyens de transformer ce qu'elles éveillent en moi.

Pour terminer, je me souviens que l'ego a tendance à ruminer les regrets. En les ressassant dans tous les sens, il croit fermement que l'issue se trouve en lui-même, c'est-à-dire, au cœur des pensées qui ont à l'origine créé les regrets. Il est faux de croire que tout ira mieux lorsque l'ego aura trouvé l'issue. Car il tourne en rond dans un cycle sans fin. Raison pour laquelle il est important de les transformer plutôt que de les nourrir outre mesure.

L'île des mésanges

— Te sens-tu prêt à visiter mon île, demande Stella à Igor?

— Tu as une île, toi?

— Cette île ne m'appartient pas. En vérité, c'est une île sur laquelle vivent d'autres mes-anges, tout comme moi. Soixante-dix-sept mésanges habitent cette île. Chacune d'entre elles a un message différent. Je ne suis pas la seule à t'accompagner, tu sais?

— Vraiment?

— Afin de mieux guider la suite de ton voyage en mer et sur terre, je ressens que certaines d'entre elles aimeraient te livrer des messages. Ça te fait envie?

— Comment dire non à ça, Stella.

— Qu'est-ce que vous concoctez encore toutes les deux demande le King, un peu exaspéré?

— Rien du tout, répondit Igor. Nous parlions de la température.

— Mais bien sûr! Il commence à me prendre pour un gros bêta celui-là, se dit le King.

— Guide-moi Stella, vers cette île mystérieuse.

— C'est parti !

— Tu viens de changer de cap ou je me trompe, demande le King ?

— Tu ne te trompes pas. Stella nous amène à l'île des mésanges.

— Alors, ce sera sans moi !

— Tu peux rester dans le bateau, si tu veux.

— Quelle arrogance !!! Je déteste le fait qu'Igor ne me consulte plus en premier pour prendre ses décisions. Toutefois, si je reste dans le bateau, je ne serai pas en mesure de le surveiller. Alors, je vais faire comme si je ne me joignais pas à eux et je vais les épier de loin, marmonna-t-il.

Le regard d'Igor est attiré par une volée de mésanges qui semblent danser au-dessus d'une île.

— Ça doit être l'île dont me parlait Stella, se dit-il intérieurement.

— C'est exactement cela !

— Toi aussi, tu m'entends penser ?

— Oui, je t'entends penser. Or, je n'entends pas les mêmes signaux que le King.

— Tu entends quoi, alors ?

— Je te dirais que ce sont plutôt des vibrations que des paroles : des vibrations qui ont différentes intensités en fonction de la qualité de tes pensées.

— C'est bizarre ça ! Mais puisque tu m'as entendu, je me dois de te croire.

— Tu verras, au fil du temps tu t'habitueras à mon mode de communication.

— Je suppose que c'est ça ton île ! ! ! demande le King à Stella. Déjà, qu'il y avait toi dans le bateau, je frémis à la seule idée de me faire envahir par un paquet de mésanges.

Stella sourit dans son joli plumage.

— On est arrivés ! J'ai tellement hâte de visiter ton île, s'écrie Igor.

— Pas moi, rechigne à nouveau le King, repliant sa tête sous son aile comme s'il ne voulait pas voir ce qui lui apparaissait de plus en plus évident.

— Allons-y !

Et hop ! Igor saute gaiement du bateau, suivant de près Stella.

— Alors, qu'est-ce que je dois faire ?

— Je t'explique. Il y aura divers sentiers que tu pourras emprunter. Cette fois, je te laisse le soin de te laisser guider.

— Guider comment ?

— Par ton intuition… la petite voix de ton cœur.

— Elle me parlera comment ?

— De la même manière que je te parle, mais en silence.

— Tu es sûr que je pourrai l'entendre ?

— Profite de ce moment pour te pratiquer. De toute manière, je ne suis pas très loin.

— D'accord. Et ensuite ?

— Tu verras tout au long des sentiers, des bancs de bois. Tu t'assoiras sur celui qui t'interpelle.

— Il va m'appeler ?

— Non, tu choisis celui sur lequel tu as envie de t'asseoir. C'est tout.

— O.K et les mésanges viendront vers moi ?

— Oui, c'est ça. Chacune leur tour, elles viendront te livrer des messages, au nombre de sept.

— Quel genre de messages ?

— Des messages qui ont pour but de faciliter, d'alléger, de simplifier ton quotidien.

— Et comment sauront-elles quel message est bon pour moi ?

— N'oublie pas que nous sommes dotés d'un sixième sens que certains appellent, l'intelligence du cœur. Ce sens nous permet de se connecter à toi… à ta vie, pour te guider au mieux. Je te dirais même que les messages que tu recevras s'appliquent également à la grande majorité des êtres humains. Pour te faire une confidence, nous avons vue sur ton plein potentiel.

— Ça veut dire quoi?

— Cela veut dire que nous connaissons et voyons la beauté tout comme l'intelligence de ton propre cœur et nous sommes là pour t'aider non seulement à t'en souvenir, mais aussi à les raviver.

— Je me demande bien pourquoi je ne t'ai pas rencontrée avant?

— C'est tout simple. J'ai toujours été là. Toutefois, tu ne m'entendais pas car le King faisait trop de bruit dans ta tête.

— Ah oui, c'est possible. Il est vrai qu'il jacasse tout le temps.

— Allez! Laisse-toi guider et choisis le banc sur lequel tu as envie de te déposer pour quelques heures. Contemple le paysage et, le moment venu, la mésange concernée viendra se déposer sur la poche gauche de ton chemisier. C'est alors que tu sauras qu'il te faut bien tendre l'oreille.

— Merci Stella. Je me sens à la fois stressé et intrigué.

— Ne t'inquiète pas. Je ne te perds pas de vue.

Une dizaine de minutes plus tard, au moment où Igor allait s'impatienter, la première mésange vient se poser sur la poche gauche de son chemisier tel que l'avait prédit Stella.

Igor ferma les yeux pour bien entendre le premier message qui lui était destiné.

1. Le premier conseil que nous avons pour toi est que pour mieux nous entendre, il te faut descendre dans ton cœur.

— Et comment je fais ça ?

— Tu peux reprendre le même ascenseur que t'a proposé Stella l'autre jour et tu descends de la tête au cœur.

— Ça marche toujours ?

— Bien sûr ! Il s'agit de le vouloir de tout ton cœur et de le ressentir.

— Je n'ai pas besoin de voir l'ascenseur ?

— Absolument pas. Certains humains voient clairement certaines images en fermant les yeux tandis que d'autres les ressentent.

— Ah d'accord !

— Je veux aussi te dire que lorsque tu seras dans ton cœur, tu n'entendras pas toujours ou devrais-je dire, très rarement ce que tu veux ou ce que tu souhaites.

— C'est dommage !

— À vrai dire, nous ne sommes pas là pour répondre à tes volontés. Tu entendras ce qui est bon pour toi, ce qui facilitera ta route, ce qui te ramènera sur le chemin de ton cœur : celui que tu as choisi de réaliser avant d'arriver sur terre et que tu as oublié.

— C'est compliqué votre affaire ! ?

— C'est différent de ce à quoi tu es habitué, dirons-nous ! Dernière chose, nous ne te parlerons pas toujours de la même manière. Quelques fois, nous apparaitrons dans tes rêves. D'autres fois, nous passerons par une musique que tu écouteras à la radio ou une phrase dans un livre qui attirera ton attention. Et d'autres fois, tu ressentiras fortement l'élan de dire, de faire ou d'aller vers… Écoute cette petite voix.

— C'est définitivement compliqué votre langage.

— Ce n'est pas si compliqué que ça. Ce qui parait compliqué au début, c'est que tes pensées s'attendent non seulement à ce que nous ayons le même langage qu'elles mais, elles s'attendent aussi à des réponses rapides, concrètes et qui répondent à leurs attentes.

— J'imagine que tu fais référence au King ?

— Tu as tout compris. C'est le King en toi qui fonctionne de cette manière. Nous allons t'apprendre une autre manière de vivre qui sort des paramètres auxquels tu es habitué. Voilà le premier message que tu avais à recevoir. Laisse-le s'infuser en toi en attendant que la deuxième mésange vienne te retrouver.

— Merci beaucoup de ce précieux conseil.

Pendant qu'il attendait, il entendait le King parler en lui. Il parlait tellement fort qu'il avait l'impression qu'il était perché sur son épaule.

- Tu ne vas pas croire tout ce que ce petit oiseau t'a raconté, n'est-ce pas ?
- Ce sont des balivernes pour ne pas dire, des absurdités. Comment peux-tu vraiment entendre autre chose que mes paroles à MOI ?
- Voir si un oiseau peut te parler dans tes rêves !!
- D'autant plus qu'il ne te dira même pas ce que tu veux entendre au moment où tu en as besoin.
- Non mais, ils ne savent pas ce que c'est que la vie sur terre ces oiseaux ! Il faut prévoir, analyser, organiser.
- Ils vivent dans un monde de bisounours ou quoi !?

— Je crois que je suis en train de devenir fou, se dit Igor. J'entends le King et il n'est même pas à mes côtés. Mais où est-il donc passé ? Bon, je vais m'allonger un peu en attendant la deuxième mésange. Je ne suis quand même pas venu ici pour rien.

La deuxième mésange se déposa sur la poche gauche d'Igor, ce qui le réveilla. Il s'était assoupi.

— Voici le deuxième conseil que nous avons pour toi.

2. N'aie jamais peur de te tromper. Tu es venu sur la terre pour expérimenter. Et pour ce faire, tu te dois de faire des expériences.

— En d'autres termes, tu seras toujours appelé à faire des choix, si tu veux avancer, évoluer, grandir, te réaliser.

— Ta tête te dira qu'il faut éviter de faire les mauvais choix. Donc, plus souvent qu'autrement, tu choisiras de ne pas bouger ou encore tu regretteras les choix que tu as faits, car ils ne t'ont pas mené où tu voulais. Tel n'est pas le but de l'expérience. Si tu ne fais rien, tu n'apprends rien. Alors, ose ! Et peu importe le résultat, regarde ce que ce choix t'a appris de toi et de la vie et non ce que tu aurais dû faire autrement.

— Seulement ainsi, tu trouveras du sens à ta vie qui ne consiste aucunement à ne pas faire d'erreur. Ce sont les humains qui ont inventé les erreurs. C'est en avançant que vous apprenez et c'est en apprenant que vous grandissez.

— Dis donc, répondit Igor ! Il n'y a pas beaucoup de gens qui pensent comme toi. En fait, je n'en ai jamais rencontré.

— C'est normal puisque vous êtes programmés ainsi. Ne trouves-tu pas que cela vous rend malheureux de penser ainsi ?

— Oui, tu as bien raison. Pour ma part, cela fait en sorte que je suis toujours en train de me remettre en question, de regretter, de douter de mes élans. Et finalement, regarde où j'en suis. Toujours au même point depuis plus de 20 ans.

— Hum, tu as tout de même choisi d'entreprendre ce voyage. As-tu eu peur de te tromper?

— Bien sûr que oui!

— Tu t'es lancé quand même?

— Oui!

— Et regarde tout ce que ce voyage t'a déjà permis d'apprendre sur toi et sur la vie.

— Tu as raison.

— Garde bien ce conseil dans la mémoire de ton cœur, qui d'ailleurs le connaissait déjà. Tous les conseils que nous te donnons sont déjà dans la mémoire de ton cœur. C'est ton humain qui les avait oubliés.

— Merci jolie mésange!

Pendant ce temps et sans qu'il n'y paraisse, le King détecte l'odeur d'autres perroquets sur l'île. Si Igor et Stella pensent qu'elles vont s'en sortir comme ça! Pas question!

En effet, à peine un kilomètre plus loin, le King découvre l'habitat de quelques perroquets qui y vivent incognito.

— Comme nous sommes heureux de retrouver l'un des nôtres ici. Mais qu'est-ce que tu fais là?

— Imaginez-vous donc que mon alter ego a choisi de suivre une mésange jusqu'ici. Je suis véritablement en train de perdre le contrôle sur lui. Elles sont en train de lui bourrer le crâne de stupidités aussi farfelues les unes que les autres.

— Non, mais ! Quel culot ! Elles se prennent pour qui ces mésanges !

— Et que dire d'Igor qui me rejette voire, m'ignore depuis quelques jours.

— Il faut absolument développer une stratégie pour reprendre le contrôle des humains.

Pendant que les perroquets complotent, la troisième mésange se pose sur la poche du chemisier d'Igor.

3. Pour retrouver la joie dans ton cœur, je te propose deux choses. La première est de faire au moins une chose par jour qui te fait plaisir : quelque chose qui ne dépend de personne d'extérieur à toi, dans la mesure du possible.

— Tu peux me donner des exemples ?

— Hum, tu peux jardiner, chanter, aller te promener, dessiner, bricoler, regarder un coucher de soleil, t'émerveiller devant la pureté d'un bébé naissant, boire ton café préféré, etc…

— J'ai des modèles de bateau à la maison que je n'ai jamais montés. Est-ce que c'est une bonne idée ?

— Cela te ferait plaisir ? Ton enfant intérieur se réjouirait de cette activité ?

— Oh que oui !

— Alors, fais-le ! Et trouve une ou deux autres activités qui te font du bien.

— J'aime bien jardiner et aussi cuisiner.

— Très bonnes idées, répondit la mésange. **Autre petit conseil. Surveille tes pensées qui risquent de reporter ou carrément de minimiser l'importance de telles activités.**

— Je peux te poser une question ?

— Mais bien sûr !

— À quoi ça sert de faire ça ?

— À chaque fois que tu fais une activité qui te fait plaisir, ton enfant intérieur grandit. C'est un peu comme si ton adulte prenait ton enfant par la main pour qu'il grandisse et retrouve une belle place en toi.

— La vraie nature de ton enfant intérieur est joyeuse. Il te revient d'en prendre soin si tu veux toucher plus souvent à la joie d'être.

— Bonne idée ! Il est vrai que je me sens souvent triste et mélancolique. Il faut dire que le King ne me remonte pas toujours le moral.

— Ce n'est pas son rôle Igor. Toi seul peux réveiller et nourrir ce petit enfant qui est resté caché quelque part au fond de toi.

— Merci de tes précieux conseils, chère mésange.

— Avec grand plaisir Igor, répondit-elle en s'envolant.

4. La vie n'est pas toujours un long fleuve tranquille, murmura la quatrième mésange à Igor. Elle est aussi faite de vagues.

— Comme la mer ?

— Bien sûr !

— As-tu déjà vu la mer se plaindre des vagues ?

— Tu es drôle, toi !

— N'empêche que c'est la vérité. Il y a des jours où la mer est calme et d'autres jours où elle est plus agitée. Il en est de même pour la vie sur terre. Certains jours, tout ira comme sur des roulettes. Profite. Apprécie. Amuse-toi ! Ne te dis pas que c'est trop beau pour être vrai. Quant aux jours où il fait moins beau, souviens-toi que tout bouge sur terre.

— C'est bien dommage !

— Et pourquoi donc ? Penses-tu que tu évoluerais si tout était toujours pareil ?

— Tu crois vraiment que nous sommes sur terre pour évoluer ?

— À quoi bon, sinon ? Toujours faire et vivre la même chose ? Ce serait ennuyant, non ?

— En tout cas, ce serait plus confortable.

— Tu crois vraiment ce que tu viens de me dire ou c'est plutôt la voix du King qui perçoit les choses ainsi ?

— Peut-être as-tu raison ?

— Chose certaine, tu ne peux éviter le changement. Que tu le veuilles ou non, tout change. C'est une loi céleste. Cela dit, je te suggère d'apprendre à surfer sur les vagues de la vie, lorsqu'il y en a.

— Que veux-tu dire ?

— Je veux dire que tu ne dois pas chercher à les éviter et encore moins à expliquer les pourquoi et les comment de chacune d'entre elles.

— Garde la tête hors de l'eau. Évite de te laisser aspirer par tes émotions et demande-toi ce que ce changement veut bien t'apprendre, ce qu'il veut de proposer ?

— Et si je n'ai pas de réponses ?

— Une autre mésange te conseillera à ce sujet. Ce que je peux te dire en attendant qu'elle arrive, c'est d'accueillir mon conseil avec ton cœur et non avec ta tête.

— Je vais faire de mon mieux. Merci, répondit Igor.

Igor se demande à quel moment la prochaine mésange viendra le retrouver.

— Coucou, je suis là ! Regarde au fond de ta poche.

— Ohhh, je ne t'avais pas vue. Tu es vraiment discrète.

— Tu m'avais l'air en grande réflexion lorsque je suis arrivée. Alors, je me suis glissée dans ta poche en attendant que tu sortes de ta tête.

— En effet, le conseil de la dernière mésange m'a laissé perplexe. Je t'avoue que cette fameuse loi du changement me dérange un peu, pour ne pas dire beaucoup. J'aurais tellement souhaité trouver un jour la stabilité et y rester bien confortablement. Tu ne trouves pas que je serais plus heureux ainsi?

— Confortable, très certainement! Mais, heureux, je n'en suis pas certaine. Quelque chose au fond de toi demeurerait insatisfait, si tu n'évoluais pas.

— Peut-être as-tu raison?

5. Cela dit, je suis venue te parler de l'équilibre.

— L'équilibre pour surfer sur ma planche de surf?

— D'une certaine manière, oui!

— As-tu déjà senti que tu perdais l'équilibre face à certaines personnes ou certaines situations? T'es-tu déjà senti déstabilisé intérieurement?

— Très souvent, je te dirais. D'ailleurs, le King me dit souvent que je suis comme un roseau qui bouge à la moindre situation ou parole contrariante.

— Je vais t'aider à mieux comprendre. Imagine que tu es un funambule et que la vie est le fil sur lequel tu avances.

— Tu le perçois?

— Oui!

— Lorsque tu te laisses happer par tes pensées, par tes émotions ou celles des autres, tu perds l'équilibre n'est-ce pas ?

— Tout à fait !

— D'une certaine manière, tu bascules la tête en bas et tes pieds restent accrochés au fil pour ne pas dire, par un fil.

— Ce n'est pas confortable, n'est-ce pas ?

— En effet, ça donne le vertige.

— C'est tout à fait ça !

— Comment je fais pour me redresser ?

— Tu prends d'abord conscience de ce qui te fait vaciller ou basculer et tu remontes sur le fil.

— Je ne suis pas certain de bien comprendre ?

— Je te donne un exemple. Quelqu'un que tu aimes bien t'ignore. Le King en toi cherchera à s'expliquer pourquoi, à le critiquer, à te dire que de toute manière tu n'es pas digne d'attention. Ça te parle ?

— Mais bien sûr !

— De telles pensées créeront à leur tour des émotions. Tu te sentiras peut-être indigne d'être aimé, ininté-ressant, invisible, etc. Ces pensées et ces émotions te tireront vers le bas. C'est alors que tu vacilleras sur le fil. Tu comprends mieux ?

— Oui, tout à fait.

— Plus tu nourriras de telles émotions, plus tu risques de basculer, tête en bas.

— C'est grave ?

— Non, pas du tout.

— Tu n'as qu'à choisir de cesser ces interminables ruminations.

— De quelle manière ?

— Toujours, par l'intention du cœur. Tu dis « non » je ne nourrirai pas ce genre de pensées et d'émotions qui me laissent croire que je ne suis pas assez ceci ou cela.

— Autrement dit, je cesse d'écouter le King.

— C'est ça ! Tu vas l'entendre mais tu ne nourris pas ses propos. En d'autres mots, tu choisis de ne pas le croire. Cet état d'esprit te permettra de remonter sur le fil.

— Que se passe-t-il alors ?

— Tu es bien conscient que la tête en bas est non seulement inconfortable mais ne te permet pas d'avancer. D'autant plus que tu as une vision du monde bien différente ou devrais-je dire, bien plus limitée que lorsque tu as la tête en haut.

— Ah oui ! Ça fait du sens.

— Une fois remonté sur le fil, tu seras de nouveau bien aligné entre ciel et terre : ce qui te permettra de retrouver ton équilibre.

— Au besoin, tu peux t'assoir sur le fil, si tu souhaites te reposer un peu. Toutefois, n'oublie pas de te relever si tu veux avancer.

— Je serai donc toujours un funambule ?

— D'une certaine manière, oui. Dernier petit conseil, pour t'aider à garder ton équilibre, n'oublie pas d'ouvrir les bras.

— Un peu comme vous, les oiseaux qui ouvrez les ailes ?

— Oui, cette posture t'aidera à garder ton cœur ouvert tout comme elle sera aussi une manière de dire OUI à la vie et à ce qu'elle pourrait te proposer.

— Merci beaucoup. Je me sens privilégié de recevoir tous ces conseils.

— Mais, c'est toi Igor qui t'es rendu disponible à les recevoir.

— Ah oui ! Je n'avais pas vu les choses ainsi.

Igor s'allongea sur le banc et sentit un grand sourire s'installer dans son cœur. Il le ressentit tellement fort que sans même sans rendre compte, il se mit à sourire à pleine dents.

Pour la première fois depuis longtemps, il eut l'impression d'être vraiment heureux !

Pendant qu'il s'amusait à regarder le ciel, une nouvelle mésange déposa un tout petit caillou en forme de cœur dans la poche gauche de son chemisier.

Survolant au-dessus de sa tête, elle lui dit :

6. Garde bien précieusement ce caillou en forme de cœur. Chaque fois que tu le regarderas ou que tu le prendras dans tes mains, tu te rappelleras l'importance de croire en l'amour.

— Tu parles d'amour de couple ?

— Pas nécessairement, je parle de l'amour avec un grand A. L'Amour est une énergie à laquelle tu es et tu as toujours été relié. Cet amour, que certains appellent Dieu, d'autres la Source, le Un, etc., t'aime sans condition. Il est disponible pour toi à tout moment et ne t'abandonnera jamais.

— Alors, pourquoi je ne le ressens pas ?

— Parce qu'Il est accessible à partir de ton cœur et que jusqu'à présent, tu as quasiment toujours vécu à l'étage de ta tête.

— Pourquoi personne ne m'a jamais dit ça ?

— Parce que c'est le secret le mieux gardé. C'est un secret qu'il t'appartenait de découvrir. En écoutant ton élan de partir à l'aventure, tu as ouvert la porte de ton cœur.

— Wow ! Je ne savais pas que tout cet Amour était en moi ?

— Bien sûr, Igor ! Et ce n'est pas tout. Il faut que tu saches que tu es cet amour que tu as toujours cherché.

— N'exagère pas, quand même !

— Je n'exagère pas du tout Igor ! Ta nature véritable est AMOUR !

— Tu es certaine que ce n'est pas le King qui parle à ta place ?

— J'aime ton sens de l'humour. Non, je ne suis pas en train de te lancer des fleurs. Tu es et tu as toujours été Amour. En mettant en application nos conseils, les voiles qui t'éloignent de ta vraie nature se dissiperont doucement et tu toucheras à cet Amour que tu as toujours cherché, de l'intérieur.

— J'ai hâte !

— Commence par apprécier tout ce que tu vis, ici et maintenant. Continue de regarder le ciel, souris et nourris ce sentiment de gratitude dans ton cœur. Ainsi, tu permettras encore plus à l'Amour de circuler en toi.

— Comment te dire merci, chère mésange ?

— En choisissant de croire tout ce que je viens de te dire, sans voir. Autrement dit, ne cherche pas de preuve en ce que je viens de te partager. Développe la foi : une forme de foi qui te permet de t'élever, de t'alléger, d'ouvrir tes ailes d'humain, au nom de l'Amour.

— D'accord et merci encore !

— Je te suggère de continuer de contempler le ciel en attendant que la dernière mésange vienne te rendre visite.

— D'accord !

Toujours allongé sur le banc, Igor prit le caillou en forme de cœur dans ses mains tout en continuant de regarder le ciel.

Au moment où il ferma les yeux, il entendit une voix lui dire :

7. N'oublie pas de nous faire une belle et grande place dans ta vie.

C'était la septième mésange qui venait de se déposer sur le rebord de sa poche gauche.

— Je veux bien mais vous ne serez pas toujours là, avec moi.

— Nous t'en avons déjà parlé. Nous avons toujours été avec toi et le serons toujours.

— Il s'agit de nous faire une belle et grande place dans ta vie.

— Je fais comment ? Car, j'ai très envie que vous restiez avec moi.

— Je vais essayer de t'aider. Imagine que ton cœur est comme un temple au milieu duquel se trouve une bougie. Premièrement, c'est dans ce temple donc dans ton cœur, que nous pourrons te retrouver. Ensuite, il s'agit d'allumer cette bougie.

— De quelle manière ?

— C'est toujours la même réponse, en le voulant de tout ton cœur. Ensuite, tu te dois de nourrir cette flamme afin qu'elle ne s'éteigne pas.

— Et si elle s'éteint ?

— Ce n'est pas grave. Tu la rallumes, tout simplement.

— Par l'intention du cœur ?

— Tout à fait !

— Et pour la garder allumée ?

— Je vais te répondre par une question. Dis-moi ce qui te garde allumé de l'intérieur ?

— Regarder la mer.

— Tu vois ! Naturellement, tu sais comment faire. Ton cœur est intelligent… tellement plus que tu ne le crois. Tu peux aussi contempler les arbres, jardiner, respirer profondément en disant merci à la vie.

— Ah oui, je n'avais pas pensé que cela m'aidait à garder ma flamme allumée.

— Bien sûr que oui !

— Et j'aurais envie de rajouter, à chaque fois que tu prendras conscience que le King prend plus de place en toi que ton cœur…

— Je lui dis d'aller voir ailleurs ? C'est ça ?

— Pas du tout ! Il est important de ne pas le rejeter. Rappelle-lui tout simplement que TU es maître à bord de ton bateau et que tu iras le chercher lorsque tu auras besoin de lui.

— Je ne comprends pas.

— Par exemple, lorsque tu suivras ta formation pour construire des bateaux, tu auras besoin d'analyser, d'organiser, de décoder les informations. Tu devras aussi apprendre des notions d'assemblage. Il pourra alors t'aider. Tu comprends?

— Oui, je pense bien comprendre.

— De toute façon, nous sommes là!

— Lorsque tu ressentiras un déséquilibre intérieur, ce sera le signal que tu as donné trop de place au King.

— Et s'il insiste?

— Tu lui dis gentiment de reprendre sa juste place, c'est-à-dire derrière toi et non devant.

— Je ne suis pas certain d'être en mesure d'y arriver. Mais je te promets que je vais essayer.

— Nous croyons en toi et allons te soutenir dans ce beau et grand défi. Allez! Repars en mer, ouvre grands les bras et célèbre la vie! Stella montera à bord avec toi tout comme le King d'ailleurs qui t'y attendra très certainement.

Pause Introspective

Je prends le temps de relire chacun des 7 conseils du cœur.

Je note ceux que j'en envie d'approfondir et d'expérimenter.

J'explore comment je pourrais concrètement les mettre en application, au quotidien. Pour m'y aider, j'utilise mes 5 sens.

Par exemple :

• Le toucher : je m'écris des rappels, je dessine, je colorie, je découpe des images qui me parlent, je cajole un animal de compagnie…

• La vue : je me procure un objet symbolique en guise de rappel (pierre précieuse, statue, bouddha, bougie…), je contemple la nature, je lis un livre inspirant,

• L'ouïe : J'écoute des musiques, des visualisations, des podcasts thématiques

• L'odorat : Je fais infuser des huiles essentielles, je me promène en nature et respire le grand air, les fleurs…

• Le goût : Je me fais plaisir avec de bons petits plats santé, un café crème…

Partons la mer est bleue

Marchant à la queue leu leu Igor, Stella et le King retournent gaiement vers le bateau.

À vrai dire, le King fait semblant d'être joyeux. Pourquoi ne pas jouer le jeu, se dit-il! Igor et Stella finiront par penser que je suis de leur côté. Et Bam! Je reviendrai à la charge en m'introduisant à nouveau dans ses pensées.

— Cause toujours mon lapin.

— Je ne suis pas un lapin! Qu'est-ce qui te prend de me traiter de lapin.

— C'est une expression! Je veux dire que je sais que tu vas essayer d'entrer dans les pensées d'Igor et chercher à les influencer. C'est ta nature. Toutefois, tu ne peux entrer dans les miennes puisque je ne pense pas. Je suis.

— Ah toi! Tu m'agaces!

N'ayant rien entendu de cet échange, Igor se met à chanter à tue-tête: «Partons la mer est bleue…. La la, la la, aaa, la la!»

— Mais, qu'est-ce que tu chantes là ! Ce n'est pas « partons la mer est bleue ». Les vraies paroles de la vraie chanson sont : « Partons la mer est beeeelle ».

— Eh bien moi, j'ai envie de changer les paroles.

— Mais, qu'est-ce qu'il a à m'obstiner celui-là !

— C'est quoi ton problème ! ?

— Que veux-tu dire ?

— Tu changes les paroles des chansons. Tu changes ta manière d'agir avec moi. Tu changes d'idée comme tu changes de pantalon. Tu veux que je continue ? répondit le King.

— Je n'avais pas remarqué que je changeais à ce point ! N'est-ce pas une bonne nouvelle ?

— Excellente nouvelle, souffla Stella à l'oreille d'Igor.

— Je déteste le changement, s'écria le King. J'ai même horreur du changement !

—Je vais te faire une confidence. Sais-tu que je ne me suis jamais arrêté pour apprécier la couleur de l'eau ?

— Quelle drôle d'idée d'apprécier la couleur de l'eau ? Veux-tu bien me dire ce que ça va t'apporter ?

— J'ai l'impression que ça m'apporte une forme de bien-être que je n'ai jamais connue avant. Je me sens plus calme. On dirait même que j'aperçois des choses que je n'ai jamais vues auparavant.

— Comme quoi ?

— Par exemple, je trouve que la mer est belle. On dirait que je ne m'étais jamais arrêté pour l'apprécier. Je me dis que non seulement nous avons de la chance de vivre ce périple mais encore plus, de vivre en bordure de mer. Tu te rends compte ! ?

— Alors là, pas du tout !

— Ce sont les yeux de ton cœur qui sont en train de s'ouvrir.

— Oui, c'est exactement ça ! se surprend-il à dire à voix haute. On dirait que je ne vois plus ni la mer, ni le ciel, ni le King de la même manière.

Au même moment, Igor aperçut son reflet dans l'eau.

— Qu'est-ce que tu y vois ?

— Pour la première fois de ma vie, je ME vois. Ça parait bizarre, non ?

— Pas du tout !

— Tu t'es toujours perçu à travers le regard du King ou des autres. Aujourd'hui, tu es en mesure de percevoir le reflet de ta vraie nature.

— Serait-ce pour ça que je vois l'eau scintiller autour de mon reflet ?

— Tout à fait ! La pureté de l'eau reflète la beauté de ton cœur.

— Tu es certaine que tu ne me racontes pas d'histoire Stella ? !

— Absolument ! Tu es et tu as toujours été un homme de cœur. Lorsqu'il t'arrivera de l'oublier, regarde-toi avec les yeux de ton cœur.

— Tu as une astuce à me proposer ?

— À ton retour à la maison, tu peux te procurer des lunettes en forme de cœur. Elles te serviront de rappel de ta véritable nature.

— Bonne idée ! D'autant plus que les jours où je me sens moins bien, la forme de ces lunettes me fera sourire.

— Tu as tout compris. Il est important de saupoudrer un peu d'humour dans ta vie. Imagine que l'humour est une épice que tu choisis d'ajouter au menu de ton quotidien. Tu aimes ça ?

— Tout à fait ! J'adore ! ! ! Dis-moi Stella, penses-tu que je suis en train de devenir fou ?

— Moi, je ne pense pas. Je ressens. J'aime. Je vibre.

— Moi, je pense et je peux t'assurer que tu es définitivement en train de devenir fou. Honnêtement, je te trouve aussi perché que ton oiseau.

— Ne l'écoute pas, lui souffla Stella à l'oreille. Allez ! Continuons cette belle aventure avec la nouvelle version de ta chanson.

— Dans un même élan, Igor et Stella se mirent à chanter en cœur : « Partons la mer est bleue… la la la la, aaa, la la. »

— Pourvu que personne ne nous entende, se dit-il, se rabattant les ailes sur son visage.

Au bout d'un moment et déçu de ne pas avoir attiré l'attention d'Igor, le King découvrit son visage et s'écria.

— On va où comme ça?

— Tu sais quoi? J'ai envie de voyager sans prévoir où je vais pendant quelques jours.

— Quoi!!!

— Impossible!!!

— Et pourquoi donc?

— Parce qu'on ne voyage jamais sans savoir où on va Igor. Tu le sais bien.

— Et si on se laissait surprendre?

— Surprendre pourquoi? Surprendre par quoi? Surprendre par qui? Quelle idée saugrenue!!!

— Allez! On essaie, d'accord?

— Je ne suis pas du tout d'accord. Je suppose que Stella est à l'origine de cette folle idée? Or, comme vous êtes deux contre moi, il semble que je n'ai pas trop mon mot à dire.

— Au cas où tu l'aurais oublié, c'est moi qui tiens la barre du bateau, répondit Igor.

L'oiseau se mit à rugir dans son coin. Il était tellement frustré que ses plumes se mirent à fumer de colère.

— Je réalise que je t'ai toujours donné beaucoup de pouvoir, continua Igor. Ce n'est pas ta faute. C'est moi qui t'ai donné le contrôle de mon bateau voire, de ma vie.

« La la la la la ! » Chanta le perroquet en cachant ses oreilles pour ne rien entendre de ce discours de trahison.

— Cependant, je te rassure, je ne vais pas t'abandonner. Je te consulterai lorsque j'aurai besoin de ton avis. Il est grand temps que je commence à écouter cette petite voix à laquelle m'a ramené Stella.

— Fais comme tu veux. Mais, si tu as des problèmes ne viens surtout pas te plaindre.

— Igor eut un moment d'hésitation.

— Et si le King avait raison… ? Peut-être que ce n'est pas une bonne idée de donner la première place à ma petite voix…

Au moment même où il douta de la voix de cœur, trois mésanges passèrent au-dessus de sa tête.

Une brise chaude lui effleura le visage. Les rayons du soleil semblaient pointer uniquement en sa direction et le bruit du moteur berça doucement ses idées.

Spontanément, il ouvrit grands les bras et respira l'air salin à pleins poumons.

Un sourire de béatitude s'afficha sur son visage.

Jamais, il ne s'était senti aussi bien, aussi serein, aussi léger.

Et c'est alors qu'il répondit au King.

— Tu sais quoi ? Que tu sois d'accord ou non, je choisis de voyager sans plan pour quelques temps. Je vais me laisser guider et on verra bien.

Au même moment, un éclair frappa Igor en plein cœur.

L'éclair aux multiples couleurs était tellement puissant qu'il tomba à la renverse, échevelant le King au passage et le propulsant à l'arrière du bateau.

Igor poussa un grand cri, un peu comme si une explosion d'amour avait lieu en plein cœur de son être.

Stella, perchée sur le rebord de la barre du bateau, observa la magie de l'amour à l'œuvre.

Igor resta couché au sol pendant plusieurs minutes, se demandant ce qui venait de lui arriver.

Quelque chose d'inexplicable s'était produit. Il avait l'impression de s'être expansé de l'intérieur.

Au moment où il essaya de se relever, il remarqua que son manteau s'était ouvert : ce qui lui permit de découvrir un médaillon en forme de boussole accroché à son cou.

— Maintenant lui dit Stella, tu es équipé de la boussole du cœur. Elle saura te guider de l'intérieur.

— Et toi ? Tu partiras ?

— Je serai toujours là, si tu as besoin de moi. Cependant, il est important que tu réalises que tout ce dont tu as besoin pour avancer est en toi. C'est pour cette raison que nous t'avons doté d'une boussole.

— Et je l'utilise comment ?

— Chaque fois que tu la regarderas, tu reviendras dans l'instant présent : seul espace à partir duquel tu peux être en lien avec ton intuition, tes ressources intérieures, tes réponses.

— Et je fais quoi lorsque le King cherchera à reprendre son ancienne place ?

— Tu veux dire, toute la place ?

— Il en prenait tant que ça ?

— Il ne s'appelle par le King pour rien, répondit Stella, un sourire en coin. Tu reviens à la boussole du cœur, poursuivit-elle. Son rappel te permettra de revenir en toi, ici et maintenant. C'est elle qui vibrera au diapason de l'intelligence de ton cœur.

— Mais, la boussole ne parle pas. Ce sera compliqué.

— En effet, sa manière de communiquer est moins concrète que celle du King. D'ailleurs, tu n'auras jamais de preuve que c'est bien elle qui te guide.

— En revanche, si tu oses l'écouter, tu verras à quel point la vie risque de te surprendre par sa magie.

— N'oublie pas que nous sommes là, nous les mesanges, et que nous faisons aussi partie de la magie de la vie… de ta vie.

— Je ne sais pas comment te remercier, Stella ?

— Continue de vivre en faisant confiance à l'intelligence de ton cœur. Ose apprendre, avancer, aimer ! Et redonne au King sa juste place, c'est-à-dire au service de ton évolution et non en charge de ta vie. Ou si tu préfères, sur le siège arrière de ton bateau.

Les paroles de Stella eurent non seulement l'effet d'un énorme baume sur le cœur d'Igor, mais elles l'allégèrent au point de lui donner à son tour des ailes.

Pause Introspective

Je prends conscience des paroles du King (le mien ou celui d'autrui) qui crispent mon cœur. J'observe en quoi cela change mon énergie, mon élan de vie, ma joie d'être.

Je prends conscience du King en moi qui cherche alors à tout comprendre, régler, éviter me laissant ainsi croire que j'irai mieux.

Parce que je choisis de donner la première place à l'Amour plutôt qu'à la peur, j'écris ici une petite prière, un poème, un rappel que je relirai chaque jour afin de ne plus ME perdre de vue, ni perdre de vue l'essentiel.

Conclusion

De retour à la maison, Igor contemple la mer depuis la terrasse de sa jolie maison.

Contempler ! C'est une pratique qu'il ne connaissait pas avant son périple en mer.

— Quel bonheur d'apprécier mon lieu de vie, ma vie, mon travail, le voyage que j'ai choisi d'entreprendre, se surprit-il à dire à voix haute.

— Hum, Hum ! On dirait bien que tu as oublié quelqu'un ! J'étais là moi aussi, dit le King avec un air indigné.

— Mais bien sûr. Comment aurais-je pu t'oublier !

— Maintenant que tu te souviens de ma merveilleuse importance. Répond à cette question : Est-ce vraiment suffisant de contempler ?

— Tu sais quoi ? Je trouve ta question intéressante. On dirait bien que Stella a eu une belle influence sur toi, réplique Igor un sourire en coin.

— Quand même pas à ce point-là ! rétorque l'oiseau un peu vexé mais conscient qu'Igor n'a pas complètement tort. Je vois bien que tu es plus heureux depuis qu'elle est apparue dans ta vie, même si j'avoue que cela me rend un peu jaloux.

— Ne t'inquiète pas le King. Je comprends maintenant que tu n'es pas mon alter ego. En revanche, je te rassure. Tu resteras à jamais mon allié.

— Fiou !

— L'essentiel est dans les yeux du cœur et tu en prends de plus en plus conscience, lui rappela Stella. Toutefois, n'oublie pas qu'il te revient de donner vie à toutes ces nouvelles possibilités qui se sont ouvertes à toi.

— Et, comment je fais ?

— En choisissant, à partir de maintenant, de mettre en pratique ce que tu as conscientisé et expérimenté pendant ton voyage en mer. Ton voyage n'est pas terminé. Il se poursuivra chaque jour de ta vie, si tu le choisis.

— Oui, je le veux, répondit Igor.

— Le vouloir c'est un bon point de départ. Le vivre change tout.

— Je ressens que ce ne sera pas toujours facile. Tu ne m'abandonneras pas, n'est-ce pas ?

— Bien sûr que non, Igor. Ne perds pas de vue ta boussole. C'est à partir d'elle que tu seras guidé afin de vivre le plus beau et le plus grand des voyages : celui qui te mène de toi à TOI !

Au sujet de l'auteure

Line Asselin détient une maîtrise en sciences infirmières et un certificat de deuxième cycle en approche de la fin de vie et deuil de l'Université Naropa, aux États-Unis. Elle a également effectué des études doctorales en sociologie.

Dotée d'un fort ressenti, d'une grande bienveillance, Line a à cœur que chacun(e)se reconnecte aux infinies possibilités que lui réserve son cœur ouvert, tant au niveau de la réalisation de son plus haut potentiel que de la transformation des passages difficiles.

Elle est l'initiatrice d'une approche évolutive et puissante de l'accompagnement à soi… à l'autre, qui remet l'essentiel au cœur de toute démarche transformationnelle.

Vous trouverez ses formations en ligne tout comme les activités qu'elle propose au Québec et en Europe sur son site internet : **www.lineasselin.com**. Vous pouvez également la contacter à **line@lineasselin.com** ainsi que sur sa page facebook : **https://www.facebook.com/lineasselin.la**

Table des matières